JN046008

金融と社会

野間敏克

金融と社会（'20）

©2020　野間敏克

装丁・ブックデザイン：畑中　猛

s-35

まえがき

　この本は，放送大学教養学部専門科目「金融と社会（'20）」（テレビ放送）のテキストです。様々な人が受講することを想定し，入門的な話から，少し進んだものまで，私たちの生活に関係する金融の話題を，かなり広い範囲にわたって取り上げています。

　金融とは，一言でいえば貸し借りのことです。私たちは，預金という名前で銀行に貸している一方，一部の人は住宅ローンという名前で銀行から借りています。余裕がある人は，株式や投資信託をもっているかもしれません。預金や株式などの貯蓄手段，住宅ローンなどの借入手段があることによって，私たちの生活は豊かになっています。金融とは本来良いものなのです。

　ところが，金融の世界ではしばしば問題が起こります。バブルや金融危機がその典型です。民間の金融機関や証券市場が良い働きをしようとしていても，政府や日本銀行が規制や金融政策によって健全で安定した金融を実現しようとしていても，やはり問題は生じます。不正な行為が発覚することもあります。そのため，金融とは怪しいもの，あぶないものという印象をもつ人がいるかもしれません。

　金融には，そのような悪い面があることも確かです。でも，それ以上に金融は世の中のためになっています。この本では，金融の光の部分を理解したうえで，影の部分をとらえていきたいと思います。

　この科目では3つの目的を掲げています。第1に，金融の仕組みと機能の基礎を学ぶこと，第2に，新しい金融商品や金融取引を知ることです。そして第3に，それらの知識や理解を，生活設計や将来計画に活かすことです。この科目を通して，現代の金融の動きを見る目を養い，経済社会に与える影響を理解していただきたいと思います。

　この本の構成を紹介しておきましょう，まず第1章から第3章までは金融の基礎編にあたります。第1章で，金融とは何かについて少し掘り下げて考

4

え，第2章で家計，第3章で企業という，私たちの生活の基盤と金融の関係を整理します。

第4章から第7章までは，主に日本の金融システムについて学びます。第4章で，金融機関の代表である銀行による金融仲介の特徴と問題点を考え，第5章で，貨幣の役割と，銀行預金を用いた支払・決済の仕組みについて解説します。第6章では，東京証券取引所などの金融市場の役割を，銀行を通じた資金の流れと比較しながら学びます。第7章は，日本銀行の役割を解説します。銀行や金融市場の動きをみながら，貨幣の量をコントロールしたり，金融システムを安定化させたりしています。

それらの金融システムが，不具合を起こしたのがバブルです。第8章と第9章は，1980年代後半に起きた日本のバブルの経緯と，バブルが崩壊した1990年代以降の，金融システムの変化について振り返ります。

同じようにバブルが起きて崩壊したのが，サブプライムローン問題ですが，それには市場型間接金融が大きく関わっています。そこで，第10章で投資信託，第11章で証券化商品の紹介をし，証券化商品がどのようにこの問題を膨らませたのかを解説します。そのような問題に対処するために各国でとられた非伝統的な金融政策を，第12章で紹介します。

第13章から第15章までは，2010年以降の金融の変化を取り上げます。フィンテック，中小企業金融と地域金融，そして金融と財政の関係です。いずれも，この本を執筆した時点で現在進行形の話題ですので，事態は変化すると思われますが，変化があってもこの本で学んだ見方が通用することを願っています。

最後に，本書を出版するに当たり，綿密なチェックを繰り返してくださった放送大学教育振興会の小峰紘一氏に感謝申し上げます。

2019年9月

野間　敏克

目次

8

1 | 金融とは何か

《**目標＆ポイント**》　金融取引とは何か，それにどのような特徴や課題があって，金融機関や金融市場がどう対応しているのかを理解する。また，金融取引によって何がもたらされるのか，経済全体への影響を概観し，金融システムの公共的役割について考える。
《**キーワード**》　資金移転，取引費用，不確実性，情報の非対称性，金融機関，金融市場，直接金融，間接金融，リスク移転，資金循環統計

1. 金融取引の基本

(1)　金融取引による資金移転

　金融とは資金の融通，すなわち貸し借りのことである。収入が支出を上回り資金に余裕がある主体が借し手となり，これを黒字主体と呼ぶ。典型的には，われわれ一般家計が，給料などで得た資金のうち消費に回さなかった部分を貯蓄することが資金提供にあたる。一方で典型的な借り手は企業であり，工場設備への投資などによって収入以上の支出が必要なとき，銀行などから資金を借りたり，株式を発行して投資家から資金を調達したりしている。このように，黒字主体から赤字主体への資金移転が行われることが，最も基本的な金融の機能である。

(2)　様々な約束証書

　貸し借りが行われたとき，借り手は貸し手に対して資金の返済義務を負い，そのことを記した約束証書が借り手から貸し手に渡される（図1

図1—1　金融取引の基本図

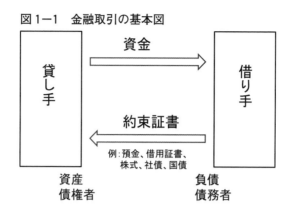

資金

貸し手

借り手

約束証書

例：預金、借用証書、
株式、社債、国債

資産
債権者

負債
債務者

—1）。受け取った貸し手にとっては約束証書が資産となり，発行した借り手にとっては返済するまで負債となる。

　多くの人にとって最も身近な約束証書は預金だろう。われわれは預金通帳に記された口座残高の分だけ資金を引き出すことができ，一方で銀行は残高分だけ返済義務を負っている。その他にも，住宅ローンを借りるときの証書，企業が投資家から資金を得るための株式や社債，そして政府が発行する国債など，様々な約束証書がある。

(3)　金融取引の社会的役割

　われわれは，貸し借りの機会が開かれることによって，それがない場合と異なる人生をおくることができる。たとえば今の所得を使わずに貯蓄しておけば，将来それを使って学費や老後のために使うことができる。あるいは，今の所得や蓄えでは住宅が建てられなくとも，住宅ローンによって早くから家をもつことができる。貸し借りができなければ，その時々の所得に応じた支出をするしかないのに，金融ができることによって，どの時点で何に支出するかという選択肢が格段に広がるのである。

　これは国全体としても言えることで，国民の貯蓄を，最も有効に使える企業の設備投資に活用することができれば，企業の生産力が高まり成長することができる。その恩恵は，取引先企業や従業員にも幅広く波及するだろう。金融取引とは，個人や個々の企業にとっても，国全体にとっても，そして世界中にとっても，適正に行うことができれば好ましいものであることを確認しておきたい。

2. 金融取引の難しさ

　しかし，金融取引を適正に行うことは，そう簡単ではない。その難しさは，われわれ自身が自分の資金を企業に貸せるかどうかを想像してみれば理解できるだろう。たとえ資金が余っていても，下記のような理由のために，安易に貸すわけにはいかないのである。

(1)　取引費用の高さ

　まず，われわれは貸すことができる相手企業をさがさなければならない。貸したいと思っている金額，期間の一致する企業はいるだろうか。1億円借りたいと思っている企業に100万円貸してもよいともちかけて，貸し借りは成立するだろうか。

　貸し借りの相手を見つけようと思えば，限りない時間と手間がかかり，結局見つからないかもしれない。また，適当な相手が見つかっても，金額や期間や利子や，もしものときの対処などを，約束証書に書き込まなければならない。その条件交渉にも時間と手間がかかり，場合によっては法律の専門家の手を借りねばならないだろう。そして条件が一致しても，実際に資金を貸して無事返済されるまでには時間がかかり，もし返済が滞れば法的手段をとる必要が生じるかもしれない。

　これらの，相手を探し，交渉し，取引を完結するまでの各段階でかか

る時間と手間と金銭を，まとめて取引費用と呼び，金融取引を妨げる第一の障害と言うことができる。

(2)　将来のことが分からない：不確実性

　次に問題になるのは，金融取引が必ず異時点間にまたがるという性質である。貸し借りの期間は数時間から数十年まで短期の取引も長期の取引もあるが，必ず貸し借りから返済までに時間差がある。その間，借り手企業の社長が病気になったり，取引先が倒産したり，自然災害が起きたりと，無数の不確実性がある。それによって貸し手は，借り手が返済できなくなる信用リスクや，返済額が目減りする価格変動リスクにさらされることになる。

　不確実性があるのは，借り手の方ばかりではない，貸し手の方でも，余裕があると判断して貸したのに，返済期限より前に不慮の事故にあい，急に資金が必要になる事態が起きるおそれがある。そのとき，貸した相手から返済されれば十分対応できるのに，それができず資金不足となり，貸し手が倒産するかもしれない。このような危険性を流動性リスクと呼び，このリスクが高かれば，資金を貸そうとはしないだろう。

(3)　相手のことが分からない：情報の非対称性

　企業に貸そうとしたとき，どのような実績や技術をもっているのか，経営者はどのような人なのか，何のために資金が必要で，それによりどのような成果が期待されるのか，これらはいずれも必須の情報である。にもかかわらず，貸し借りの場では，借り手自身がもっている情報に比べて，貸し手がもっている借り手の情報が少ない場合が多い。これを情報の非対称性と呼び，金融取引の障害になる。

　情報に非対称性があるとき，借り手は，自分の情報を隠し偽ることに

よって，有利に資金を借りようとするかもしれない。貸し手にとっては，限られた情報を頼りに，貸すか貸さないか，貸すとすれば利子をどの程度求めるかなどの条件を決めなければならない。もしかしたら，提示した条件で借りに来る企業は，成功の可能性が低いハイリスクハイリターンな企業かもしれない。このように，リスクの高い企業ばかりが集まる現象は逆選択と呼ばれ，それがいつも起こるようなら，とても貸す気にはならないだろう。

さらに，ある程度の情報が得られて，品質の高い企業であると確信をもって貸しても，借りたとたん手のひらを返すように無駄遣いや予定外のプロジェクトに資金を回すような行動を，企業がとるかもしれない。事後的に起こるこのような事態をモラルハザードと呼び，やはり金融取引の妨げになる。

(4)　契約の不完備性

将来にどのような不確実性があるのかを完全に把握することができれば，それぞれの出来事に応じて貸し手，借り手のやるべきことを決め，それを約束証書に書き込むことができる可能性がある。たとえば，社長が病気になった場合や工場が台風被害を受けた場合は，返済を猶予し減額するなどと，あらかじめ決めておくのである。このような契約を条件付き契約と呼んでおり，もしあらゆる事態を網羅し，双方が合意できるような条件付き契約を結ぶことができれば，貸し手が不確実性を恐れず貸せるようになる可能性がある。

しかしながら，あらゆる事態に対処できるように完備された契約を結ぶことは不可能である。契約は，限られた事態しか想定できない，不完備なものにならざるをえないのである。だとすれば，たとえば企業業績が低迷し，返済に支障が生じたとき，貸し手はどのような対応をとれば

よいのだろう。業績低迷の原因が，社長の病気でもなくモラルハザードでもなく，契約の時は予想できなかった世界経済不況にあったとしても，借り手企業を債務不履行として処分してよいのだろうか。それよりも，優良な技術と将来性を確認して返済を猶予し，将来収益に期待した方が，貸し手にとっても借り手にとっても，社会全体にとっても好ましいことがあるのではないだろうか。

　金融取引においては，契約が不完備になることは不可避であり，返済が滞るなどの問題が生じた時点で，貸し手と借り手が相談し，場合によっては返済期限や利子を見直すような，再交渉がしばしば行われている。ただし，その時点で，当初契約時とは異なる不確実性と情報の非対称性があるため，互いが合意できる新たな契約を結ぶことは容易ではない。ましてや，一人の借り手に対して多数の貸し手がいる場合には，合意に至る再交渉は極めて困難である。だが，後に述べるバブル崩壊後やリーマンショック後には，多くの再交渉が実施された。

3. 金融機関と金融市場

(1) 金融システムの4つの機能

　以上のように，金融取引には大きく4つの障害があり，それらを完全に解消することはできない。それでも，障害になっているものを緩和し，金融取引を円滑に行わせ，金融の社会的役割を発揮させるための仕組みが作られてきた。それが，金融機関，金融市場，そして法規制を含めた金融制度などから構成される「金融システム」である[1]。

---

[1] 現代の金融システムは非常に高度かつ複雑に広がっており，コンビニなど事業会社の一部も情報端末を通して金融システムの一端を担っているとみなすことができる。また，国内金融システムは世界各国の金融システムとつながっており，日本だけで独立したものではない。

　金融システムがいかに金融取引の障害を緩和しているのか，つまり①取引費用を下げる，②不確実性に対処する，③情報の非対称性に対処する，④契約の不完備性に対処する，という機能を果たしているのかについて，詳しくは後の 4 章や 6 章などで考察する。

　また，金融システムがうまく機能した場合と，機能しなかった場合とを，金融経済の歴史的な動きに沿って追っていくことが，本書の大きなテーマとなっている。本節では，その準備として，日本にどのような金融機関と金融市場があるのかを概観しておこう。

(2)　日本の金融機関

　金融機関とは金融取引にたずさわる様々な組織全般を指し，わが国に

図 1－2　日本の金融機関の類型

```
中央銀行─────────────────日本銀行

                          ┌ 普通銀行（都市銀行・地方銀行等）
              預金取扱金融機関 ─┤ 信託銀行
            ┌             │ 協同組織金融機関（信用金庫・信用組合等）
            │             └ 協同組織金融機関の中央機関等
  民間金融機関 ┤
            │             ┌ 証券関連（証券会社等）
            │             │ 保険（生命保険・損害保険等）
            └ その他の金融機関 ─┤ 消費者信用
                          │ 事業者信用
                          └ その他（短資会社等）

  公的金融機関 ┬ 銀行 ───── 日本政策投資銀行等
            └ 公庫等 ───── 日本政策金融公庫・住宅金融支援機構等
```

　　出所：鹿野（2013：p. 12）より作成

は図1-2に示したような金融機関がある。まず中央銀行としての日本銀行，銀行や証券会社などの民間金融機関，日本政策金融公庫などの公的金融機関に分けられる。民間金融機関は，大きく預金取扱金融機関とその他金融機関に分けられ，前者は，その名のとおり預金を発行することができる。後者には，証券関連，保険関係，そしていわゆるノンバンクなどが含まれる。

a. 預金取扱金融機関

　預金取扱金融機関の代表は普通銀行（以下銀行）であり，規模や営業基盤，歴史的経緯により，都市銀行，地方銀行，第二地方銀行に分けられる。都市銀行は再編合併等が進みメガバンクとして巨大な金融グループを形成している。後二者は都市銀行よりも規模が小さく各都道府県に地盤をおき，合わせて地域銀行と呼ばれている。これらは「銀行法」に基づいて銀行業務を認められた金融機関であり，預金業務，為替業務，貸出業務を固有の業務としている。

　信用金庫，信用組合などの協同組織金融機関も預金取扱金融機関である。預金，為替，貸出の3つを固有業務とする点では銀行と同じである。ただし，徐々に緩められてはいるものの，協同組織金融機関の活動範囲は一定地域内に限定されてきた。また，営利を目的とする株式会社ではなく，相互扶助を目的とした組織であるから，組合員や会員へのサービス提供が本来の役割であり，たとえば組合員・会員以外の者への貸出は一定割合までなどの制限が課されている。さらにいずれも，中小零細企業のみを貸出対象とする中小企業金融機関である。

b. その他の金融機関

　預金を取り扱わない金融機関のうち，証券市場に関係するものとし

て，証券会社，証券金融会社などがあり，これらは金融商品取引業者と呼ばれている。

　証券会社は，証券市場に関係する様々な業務を行っている。中心的な業務は，自己売買（ディーリング），委託売買（ブローキング），引受（アンダーライティング），募集・販売（セリング）の4つであり，各種の手数料や売買益が収益源となっている。6章で説明される金融市場の機能を発揮させるための重要なプレーヤーでもある。なお，証券のすみやかな売買のために必要な資金などを融通する証券金融会社という専門機関や，10章で取り上げられる投資信託委託会社，投資顧問会社なども，金融市場の機能と関わっている。

　保険会社は，保険料として支払われた資金を保険契約準備金として積み立て，証券，貸出，不動産などで利子・売買益・賃貸料を得ており，銀行が預金を集めて貸出や証券で運用するのに似た金融機関である。ただし銀行の資産運用が貸出中心であるのに対して，保険会社の総資産のうち貸出は1割にも満たず，大部分は有価証券で運用されている。

　預金は取り扱わないが，貸出等の与信業務を営む金融機関を，通称ノンバンクと呼んでおり，大きく消費者信用と事業者信用に分けられる。消費者信用会社は，その名のとおり消費者に対する与信業務を行っており，直接金銭を貸し出す消費者金融と，商品の購入代金を猶予する販売信用とに分けられる。後者は，信用供与の対象によって，個々の販売商品について信用を供与する信販会社，複数の商品購入をカード方式でとりまとめて信用を供与するクレジット会社などに分けられる。

(3)　日本の金融市場

　金融市場とは，貸し借りの場であり，様々な約束証書が発行され売買される場でもある。図1-3には日本の金融市場が類型化されているが，

様々な約束証書を，返済期間，発行者（資金調達者），購入者（資金提
供者）などの性質に応じて分類した図と言い換えることができる。

　まず伝統的な金融市場と，そこから派生してできた派生商品市場，そ
して外国為替市場に分類される。伝統的な市場は短期金融市場と長期金
融市場に分けられ，前者には取引参加者が金融機関に限られているイン
ターバンク市場と，誰でも参加できるオープン市場がある。また後者
は，代表的な証券市場である債券市場と株式市場とに分けられる。

図1－3　日本の金融市場の類型

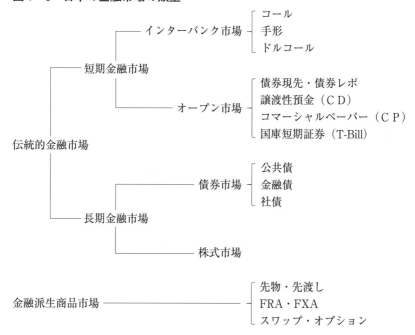

外国為替市場
　出所：図1－2に同じ（p.230）より作成

a.　短期金融市場

　金融市場における短期，長期の境目は取引期間 1 年であり，1 年以下を短期金融市場，1 年を超えるものを長期金融市場と呼んでいる[2]。短期金融市場のうち，インターバンク市場は取引参加者が銀行，証券会社，保険会社などの金融機関に限られている。

　代表的なインターバンク市場であるコール市場は，呼べばすぐ戻ってくるような超短期資金（money at call）を融通する場であり，貸し借りの期間は極めて短く，一日で返済する翌日物（オーバーナイト）と呼ばれる取引が盛んに行われている。コール市場は，無数の顧客をもつ多数の金融機関が，一時的な資金過不足を調整する場であり，日本の金融システムの動向が集約された重要な金融市場と言える。

　オープン市場には，金融機関のみならず，事業会社や機関投資家，地方公共団体なども参加している。代表的なオープン市場がコマーシャルペーパー（CP）市場であり，信用度の高い企業が短期資金を無担保で調達する場として活用している。事業会社のみならず金融機関にとっても，重要な金融市場となっている。

　政府が発行する短期の借用証書は，財政法上の位置づけによって短期国債（TB）と政府短期証券（FB）に分けられていたが，いずれも，政府が発行する，信用度が高く，市場で売買しやすい流動性の高い金融商品であることは共通していた。現在では，国庫短期証券（T－Bill）という名称に統一され，発行が増加するとともに，金融機関を中心に重要な短期金融市場として活用されている。

---

[2] 後で紹介される短期金融商品である CP や TB は 1 年「未満」と定義されていることから，1 年ちょうどを含め 1 年以上を長期とみなす場合もある。本書では，鹿野（2013）や，多くの用語解説に従い，1 年ちょうどを短期に入れている。

b. 長期金融市場

　株式は，株式会社が投資家から出資を受けるために発行される約束証書である。会社を設立する段階で，あるいは新たな事業資金を調達するとき，株式発行市場で新株が売り出される。発行された株式を購入した投資家は，株主として利益からの配当権や株主総会議決権を得る。その代わりに，企業業績が低迷して配当が得られない場合や，企業が倒産して株式が無価値になる場合がある。株主は，出資金の範囲内の有限責任ではあるが，借り手である企業の信用リスクや価格変動リスクを負うことになる。金融取引においては，資金移転にともなってリスク移転の生じることが分かる。

　株主から他の投資家に株式が転売される場のことを，株式流通市場と呼ぶ。流通市場では，新株主から旧株主に対して株式代金が支払われ，企業リスクは新株主に移転される。このとき，株式につけられている流通価格が，われわれが通常話題にする株価である。もし高い株価で株式が流通しても，その資金は投資家と投資家の間でやりとりされるだけであり，発行企業に多くの資金が流れるわけではない。発行市場と流通市場，発行価格と流通価格とを区別するよう，注意されたい。とはいえ，流通価格が高ければ次の発行価格が高くなる，新株が増発されると流通価格に影響が出るなど，両市場の間には密接な関係がある。

　もうひとつの重要な長期金融市場は債券市場である。誰が資金調達のために発行するかによって，政府が発行する国債，地方公共団体が発行する地方債，民間企業が発行する社債（事業債）などに分類される。債券のうち，短期国債，短期社債（CP）は短期金融市場に分類される。

　日本の債券はいずれも，返済額（額面金額）と償還期限（満期）が決められており，債券の価値評価をする際の目安となる。債券のうち利子が支払われないものを割引債，利子が支払われるものを利付債と呼び，

額面金額に対する毎年の利子の割合を表面利率（クーポンレート）と呼んでいる。利子の有無や表面利率も債券の価値評価の材料となる。

4. 資金の流れ方

(1)　直接金融と間接金融

　黒字主体の代表である家計とはいえ，貯蓄だけでなく負債も負っている。それらを相殺しても，やはり貸している方が多いとき，家計は最終的な貸し手と呼ばれる。一方，企業は，資産と負債を相殺しても借りている方が多いとき，最終的借り手と呼ばれる。

　企業や政府のような最終的借り手が発行した約束証書を本源的証券と呼ぶ。それを，最終的な貸し手が直接に購入して貸し借りが行われるような資金の流れ方を直接金融という。次章で見るように，日本の家計が保有している本源的証券は多くなく，家計資産の半分以上は現金預金である。預金は銀行が発行した約束証書であり，銀行は預金で調達した資金を株式や債券の購入，そして企業等への貸出に回している。つまり，

図1−4　直接金融と間接金融

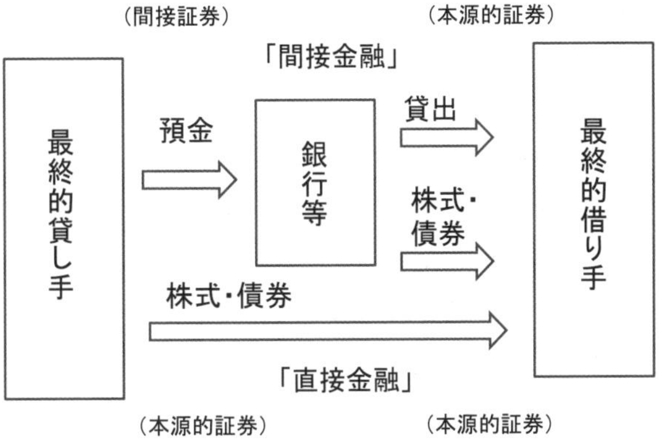

図1-4に示されているように，家計は銀行等を介して間接的に本源的証券を購入している。このような資金の流れ方を間接金融と呼び，仲介機関が発行した預金のような約束証書を間接証券と呼んでいる。

(2) 負債型と出資型

　ここまで登場した約束証書のうち，株式と債券・銀行貸出などとの間には大きな違いがある。金融市場のところでも説明したように，債券などは満期，返済額，利子などが決まっており，借り手の状態がどのように変化しようと，再交渉がない限り契約内容は変更されない。企業業績が悪くても，元本および利子を払わなくてはならないのである。このような契約を負債契約と呼ぶ。

　それに対して株式の場合は，満期がなく，最終的な返済額も，株主への利益配当額も，事前に決められていない。もし株式をずっと保有するなら，企業が存続する限り満期は先延ばしされ，最終的な返済額は企業が解散するときの残余資産が分配される。利益配当額は，株式を保有している間の企業業績に応じて増減する。このような金融契約を出資契約と呼び，株式のような約束証書は，債券に比べて価値評価がずっと難しいことが理解されるだろう。

　誰から誰に，どのような性質の約束証書によって資金が貸し借りされているのかは，日本銀行『資金循環統計』などによって細かく把握することができる。その時，銀行などに仲介された間接金融によって資金が流れているのか，証券会社などを用いた直接金融によって流れているのかによって，金融システムが果たす役割は大きく異なる。逆に，各国の各時代の経済状況や社会的要請によって，望ましい金融システムは変化するだろう。経済状況の変化に合わない旧態依然の金融システムを維持しようとすれば，何らかの矛盾が生じる。次の2章,3章では，わが国

の家計，企業の金融活動を，資金循環統計などを用いながら観察し，わが国の資金の流れの特徴を理解しよう。

参考文献

岡村秀夫・田中敦・野間敏克・播摩谷浩三・藤原賢哉『金融の仕組みと働き』有斐閣ブックス, 2017 年

鹿野嘉昭『日本の金融制度（第 3 版）』東洋経済新報社, 2013 年

2 家計と金融

《**目標＆ポイント**》 家計は，消費者であり，かつ貯蓄主体でもあり，巨額の
金融資産ストックを保有している。本章では，家計がどのように貯蓄を決定
し，それをどのような金融資産に振り分けているのかを概観する。欧米諸国
と比較したときの日本の家計貯蓄の特徴を知り，人口の高齢化や経済成長の
低下によってどのように変化してきたのかを理解する。
《**キーワード**》 貯蓄率，資金過不足，金融資産構成，ライフサイクル，流動
性制約，高齢化

---

1. 日本の家計貯蓄

(1) 貯蓄残高の推移

　われわれは，収入の中から消費しなかった部分を貯蓄し，それが年々
積み上がって，現在の貯蓄額に達している。今年の所得，今年の貯蓄の
ように「一定期間中に」定義される経済変数をフロー変数，現在の貯蓄
額のように「ある時点で」定義される経済変数をストック変数と言う。
金融を学ぶには，フローとストックを区別しておくことが重要で，家計
貯蓄に関しても，後者を貯蓄「残高」と呼んで，前者と区別しよう。

　図2-1には，日本の一家計あたりの貯蓄残高の推移が，収入との対
比で描かれている。まず収入は第二次世界大戦後順調に増加してきたが
1990年代に伸びなくなり，1997年をピークに低下するようになった。た
だし，これは金額で表した名目の値であり，物価が下落していれば実質
的な収入の低下はそれほどではない。

図 2-1　日本の家計貯蓄残高と収入の推移

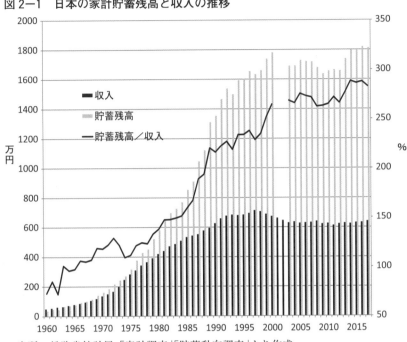

出所：総務省統計局「家計調査」「貯蓄動向調査」より作成

　家計の貯蓄残高は高度成長期の終わり頃から収入を上回るようにな
り，1980 年代に急速に増大した。その結果，日本全体の資金の貸し手と
して，最も大きな経済主体となっている。ただし 2000 年代に入ってか
らは横ばいあるいは低下するようになり，2013 年以降また少し増加して
いる。フローの豊かさを示す収入にくらべ，ストックの豊かさを示す貯
蓄残高は約 2.8 倍の金額に達しており，「経済のストック化」が進んだ
ことを示している。

　ストック化によって，金融システムに対する家計からのニーズは大き
く変化した。何よりも，貯蓄が少ないときには貯蓄をどう運用するかに

あまり関心を払わなかったのに，貯蓄が多くなると，それをうまく運用することで稼ごうというインセンティブが高まる。勤労所得などの収入が減っても，資産運用による財産所得が稼げればそれを埋め合わせることができるからである。当然，そのようなサービスを提供してくれる金融機関や，資産運用の場としての金融市場へのニーズが高まる。

(2) 家計貯蓄率の低下

高度成長期の日本の家計貯蓄率（家計貯蓄／家計可処分所得）はずっと高水準にあり，1970年代には20%を超えていた。ところが，70年代末から低下し始め，90年代後半には10%を下回るようになった（図2-2）。その後も多少変動しながらも低下が続き，とうとう2014年にはマイナス0.4を記録した。この1年間に関しては，支出が収入を上回る赤字主体に転じていたことを意味する[1]。すぐにプラスの値に戻ったものの2016年の値で2.5%と，OECD諸国の中でも最低水準の貯蓄率となっている。

かつて，日本人は質素倹約で貯蓄を多くするのに対して，アメリカ人はクレジットカードを使ってまで消費し貯蓄しないかのような見方があったが，現在ではアメリカやイギリスよりも日本の家計貯蓄率は低いのである。最大の原因は高齢化だと考えられるが，その他の原因もあわせ3節であらためて考察しよう。

(3) 資金循環の変化

別の資料からも家計の金融動向をながめておこう。図2-3には，経

---

[1] 2014年4月に消費税率が引き上げられたことが影響しているかもしれない。ただし，それにより消費支出が増加した面と，消費税をいやがって消費を手控えた面とがある。

図 2−2　日本の家計貯蓄率の低下（1995 年〜）と国際比較（2016 年，％）

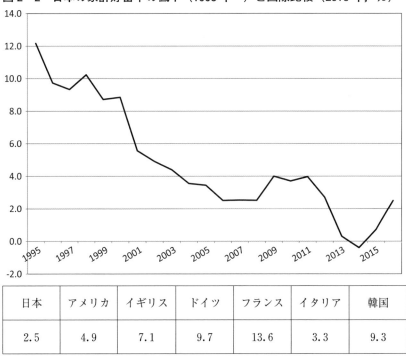

日本	アメリカ	イギリス	ドイツ	フランス	イタリア	韓国
2.5	4.9	7.1	9.7	13.6	3.3	9.3

出所：OECD Economic Outlook 2017 より作成

済主体別の資金過不足（金融資産の変化と金融負債の変化の差額）の
GDP 比が示されている。黒字主体であれば金融資産が増加してプラス
となり，資金不足の赤字主体であれば金融負債が増加してマイナスとな
る。日本の家計のこの値は，1980 年代に 10 前後であったが，90 年代以降
低下し一時はゼロに近づいた。現在もこの資料では黒字主体だが，80 年
代以前のような圧倒的な資金の貸し手ではない。

　家計とならぶ黒字主体となったのが企業である。高度経済成長期はも
ちろん，80 年代にも赤字主体であったが，90 年代に赤字が縮小し，2000

28

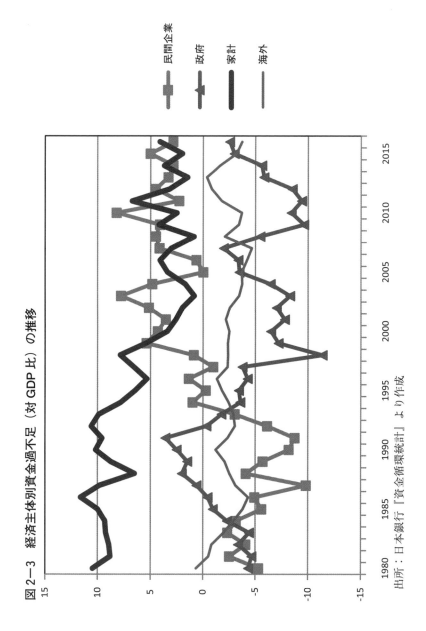

図2-3　経済主体別資金過不足（対GDP比）の推移

民間企業
政府
家計
海外

出所：日本銀行『資金循環統計』より作成

年代からは家計を上回るほどの黒字を生み出している[2]。その原因は，企業が利益を剰余金として内部に留めるようになったこと，設備投資が低迷し資金需要が減少したことが考えられる。

　1990 年代以降，最大の赤字主体となったのが政府である。財政赤字による国債発行が増大したからである。好景気によって所得税収や法人税収が増えたときや，消費税率引き上げを実施したときには改善するものの，赤字傾向は拡大している。社会保障支出が今後も増加することから，政府が資金の借り手である状態は続くと予想される。

　海外部門も資金不足が続き，日本の家計や企業からの資金の借り手となっている。ただし 2011, 12 年頃には一時赤字が縮小していた。日本の貿易収支（輸出－輸入）が赤字に転じ，経常収支（貿易収支に所得収支などを加えた国際収支）の黒字幅が縮小したことに対応している。

　図 2−3 が表しているのは，日本の資金循環の大幅な変化である。以前は，圧倒的な黒字主体である家計の資金余剰を，最大の赤字主体である企業に融通することが行われていた。それに対して現代の日本では，家計と企業の資金余剰を，政府と海外の資金不足に融通することが行われているのである。それを仲介しているのが金融システムであり，当然のことながら銀行や金融市場に期待される役割も変化している。

2. 家計の経済行動

(1)　家計はなぜ貯蓄をするのか：消費貯蓄の選択理論

　これまでにも述べてきたとおり，家計は得られた収入ないし所得から，消費などの支出をし，残りを貯蓄する（図 2−4）。その日暮らしを

---

[2] 日本の家計貯蓄率の低さを示した図 2−2 の OECD 資料でも，企業等を加えた日本全体の貯蓄率は 20% を超え，国際的にも高い。

している人や貸す機会，借りる機会が閉ざされた人でない限り，将来のことを考えて消費・貯蓄を決めているのである。その時気になるのは，現在所得だけでなく将来の所得見込みだろうし，現在支出したいものだけでなく将来の支出予定だろう。たとえば将来所得が上がると思えば現在貯蓄せず消費してもいいと考えるし，車の買い換えや住宅購入のような支出を考えていれば貯蓄を増やすに違いない。

　このような関係を描くために，ミクロ経済学では異時点間にまたがる消費・貯蓄行動を分析する理論モデルが用意されている[3]。今と将来の所得が分かっているとき，今の消費・貯蓄配分を，消費者の予算制約と効用関数（無差別曲線）に基づいて決定されていると単純化した理論モデルである。そこで明快に示されるのは，貯蓄する機会や借りる機会があった方が，そうした機会がない場合よりも消費者の効用（満足度）が高まる点である。1章でも強調したように，時間を超えた消費配分がで

図2−4　家計の消費貯蓄選択と資産選択

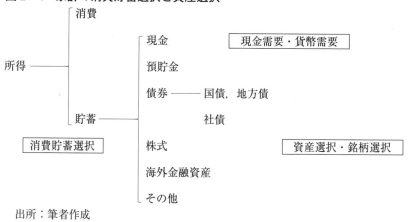

出所：筆者作成

---

[3] 本書では数式による理論紹介は控え，直感的な説明を重視している。厳密なモデル分析は内田（2016）第2章などを参照。

きるようになるためであり，金融取引の良い点がこの理論では示される。

　家計がどのようなタイプなのかによって，消費貯蓄の選択は左右される。今消費するよりも将来消費することを楽しみに思う人ならば，今の消費を控え貯蓄するだろうが，今すぐの消費を将来の消費よりも重視する人は貯蓄せず消費するだろう。そして，今消費したいものが今の所得でまかなえないなら，マイナスの貯蓄である借金が選択されることもある。

　現金以外の金融資産を保有すると，利子などの上乗せが期待される。そのため，消費貯蓄選択には理論上利子率が影響を与えることが予想される。けれど利子率の上昇が貯蓄を増やすか減らすかについては，決めきれない部分がある。利子率が上昇すると，利子が付く貯蓄の方が有利だと考えて貯蓄を増加させるという影響がまず思い浮かぶ。しかしそれだけでなく，利子所得が増えて将来所得が増加するなら，それを期待して今から消費を増やすかもしれず，その場合は貯蓄が減る可能性もあるからである。前者を代替効果，後者を所得効果と呼んでおり，前者の方が大きければ利子率が上昇したとき貯蓄は増加する。

(2)　家計はなぜ貯蓄をするのか：日本銀行調査より

　日本銀行の金融広報中央委員会は，毎年「家計の金融行動に関する世論調査」を行っており，その中で，金融資産を保有する目的が問われている。2017年の調査結果で上位に上がっているものを紹介すると，

　　・老後の生活資金にあてるため

が最も高く，69.2%の人があげている。次いで62.8%の人が

　　・病気や不時の災害のときに備えるため

をあげ，この2つが貯蓄目的の中で圧倒的に高い。その他は30%以下

になり,

　　・子どもの教育資金にあてるため
　　・特に目的はないが，金融資産を保有していれば安心なため
　　・旅行，レジャーの資金にあてるため
　　・耐久消費財（自動車，家具，家電等）の購入資金にあてるため
　　・住宅（土地を含む）の取得または増改築などの資金にあてるため
などが 10% 以上の人の貯蓄目的にあがっている。

　ただし，日銀調査の対象は二人以上の世帯であり，この質問項目は金融資産を保有している世帯に対して行われたものである。貯蓄をする目的は年齢や家族構成や経済環境によって大きく異なるだろうし，先述したようにその人がどういうタイプなのかにも左右される。それらが入り混じった調査結果ではあるが，貯蓄が将来を見越した時間を超える意思決定であることが分かる[4]。

(3)　金融資産の選択：流動性，リターン，リスク

　貯蓄にはいくつもの手段があり，家計はそれぞれの判断で金融資産を選択して貯蓄を振り分けていると考えられる（図2−4）。まず，上述したように現金の形で保有すると利子や配当のような収益（リターン）は得られない。その代わり，すぐに買い物に使える利点があり，このような性質を流動性と呼ぶ。また，現金は物価変動による実質的な価値の変化があるにせよ，紙幣等に書かれた金額の価値が保たれており，リスクの低い安全な資産だとみなせる。

　銀行預金にはわずかな利子がつくが，やはり支払い手段として使われ

---

[4] 今や3割を超える貯蓄ゼロの世帯はこの質問対象から除かれている。無貯蓄世帯でも所得が増えれば貯蓄をするはずだが，彼らの潜在的な貯蓄目的は，この回答結果には含まれていない。

ており，流動性は高い。銀行預金も，銀行倒産によって目減りするリスクがゼロではないが，ほぼ価値が保たれた安全な資産である。

　図2-5は，家計の金融資産構成を日米欧で比較したものである。日本では，現金預金の保有比率が51.5%と欧米に比べて圧倒的に高い。低リスク，低リターン，高流動性の貯蓄手段が好まれていることを表している。また，1章で解説した直接金融，間接金融という視点から見ると，日本は圧倒的に銀行預金を介する間接金融の比重が高いことも分かる。

　現金預金以外の，債務証券（国債や社債），投資信託，株式などはいずれも利子，運用益，配当などのリターンが期待できる一方，価格やリターンが変動するリスクがあり，倒産のような返済されないリスクも抱えている。現金預金に比べて支払い手段としてすぐ使うことは困難であ

図2-5　家計の金融資産構成（2017年3月末）

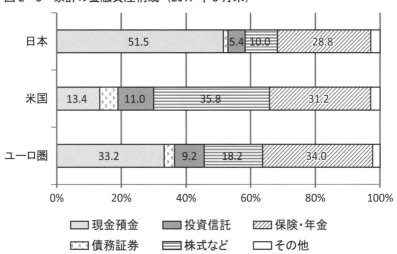

出所：日本銀行「資金循環統計」より作成

り，流動性は低い[5]。図2-5において，日本では欧米に比べて株式，投資信託の割合が低いのは，リスクが高く流動性が低い，あるいはそれらを補うほどのリターンが得られないと考えられているからだろう。

(4)　ハイリスクハイリターンの原則と資産選択

　社債や株式を選んだとき，どのような銘柄を選択するかについても，流動性，リターン，リスクが重要な決定因となる。仮に流動性が同じなら，リスクが高いものはリターンという報酬が高くなければ保有されないだろうから，安全な資産よりもリスクのある資産の方がリターンは高くなると考えられる。上乗せ分をリスクプレミアムと呼べば，

　　金融資産のリターン＝安全な資産のリターン＋リスクプレミアム

と書くことができ，この式からは，ハイリスク銘柄は必ずハイリターンになることが予想される。ところが実際にはそうではない。

　様々な資産が目の前にあったとき，同じリターンであればリスクの低いものが選ばれ高いものは保有されない。同じリスクであればリターンの高いものが選ばれ低いものは保有されない。したがって，金融資産に関する情報を，家計を含むすべての投資家が完全に把握していれば，需要のない資産は発行しても売れないから，自然と淘汰され，リスクの水準に応じて，最もリターンの高い資産だけが残ると考えられる。

　ところが実際には，同じリスクで他の資産よりリターンが低いにもかかわらず発行され保有されている資産はあるし，同じリターンで他の資産よりリスクの高い資産も存在する。これはなぜなのだろうか。

　理由のひとつは，同じ資産に対しても投資家によってリスクやリターンの判断が違うことや，情報が完全には伝わってないためであろう。そ

---

[5] ただしすぐに転売して現金や預金に替えられる流通市場が発達していれば，流動性は高くなる。

れ以上に重要な理由は，他の資産と組み合わせることによって全体のリスクを下げられる分散投資の利益があるからである。たとえリターンが低くても，他の資産が下がったときには上がるような動きをする資産であれば，組み合わせて保有するメリットがある。投資家は，個々の資産のリターン，リスクだけでなく，保有資産全体（ポートフォリオ）のリスク，リターンを考えて貯蓄手段を選択していると考えられる[6]。

3. 少子高齢化と家計貯蓄

(1) 消費と貯蓄のライフサイクル

　日本の貯蓄動向を大きく変えたのは，急速に進展する少子高齢化である。わたしたちの所得と支出のバランスは，人生の各段階（ライフステージ）によってかなり変化する。就職したばかりの二十代の頃には，給料も安く貯蓄をする余裕はないだろう。車のような高額なものを買うときには，ローンを組む必要があるので貯蓄率はゼロかマイナスになるかもしれない。

　徐々に給料が上がってくると，貯蓄をする余裕ができ始め，銀行預金の残高が増えていく。やがて結婚をし，子どもが生まれるなど，各ライフイベントで普段より多額な支出が求められるが，貯蓄の取り崩しである程度対応できるようになる。また，家庭をもつと，将来をにらんで少し支出を切り詰め，住宅資金や育児資金を積み立て，家族のための保険にも入るなど，銀行預金とは異なる形態の貯蓄が増える。

　子どもが少し大きくなった頃，住宅購入の頭金が貯まると，住宅ローンを組んで住宅を購入するというのが，人生で最大の支出イベントだろ

---

[6] 本節はポートフォリオ理論の一部を直感的に説明している。詳しくは釜江（2015）などファイナンスの教科書を参照のこと。

う。大きな負債を抱え，毎年ローン返済をしなければならない一方で，子どもの進学資金を積み立てるなど，貯蓄の必要性も高まる。教育目的の貯蓄は，子どもが大学生になれば一気に取り崩される。

　子どもが親の手を離れた頃には，本格的に老後への備えをしなければならない。日本の会社員や公務員の場合は，給料から年金保険料が天引きされており，自覚して備えなくてもある程度の老後生活をすごすことができる。しかし近年では，10章で紹介される確定拠出年金のような，自分で運用を決めなければならない仕組みが広がり，民間の年金保険の種類も増えるなど，自らの判断を要するようになっている。

　そうして老後には，年金が主な収入源となり，そこから生活費を支出することになるから，多くの人は貯蓄する余裕はないだろう。年金で足りない部分や，もしものときには，貯めていた預金，保険などが取り崩され，対応資金にあてられる。したがって，高齢者の貯蓄率は極めて低いかあるいはマイナスになると推測される。

　このようにわれわれは，貯蓄と借入という金融の仕組みを使って，生涯所得をどのライフステージで何に使うかという支出の平準化を行っている。もしも自動車や住宅の購入の時に借入が使えなかったら，より多くの貯蓄をしなければ購入することはできず，本来30代で買いたかった住宅が50代や退職金をもらった後でなければ買えなくなり，望ましいタイミングでの支出ができなくなる。借入に厳しい制限がある状態のことを流動性制約が強いと言い，流動性制約の強さも貯蓄率を左右する。

(2)　高齢化による貯蓄率低下

　一般的なライフサイクルが上述したようなものだとすると，日本の国民にどのようなライフステージにいる世代が多いかによって，日本全体

の貯蓄率が変化する。言うまでもなく，中高年の現役世代が多いほど貯蓄率は高く，退職した高齢者が多いほど貯蓄率は低くなるだろう。

　図2-6は，日本の年齢構成（三区分）の推移を示したものである。65歳以上の高齢者の占める比率は年々高まり，1980年代に10%を超え，2015年の値で26.6%に達している。逆に勤労世代（20〜64歳）は，1990年代なかばから構成比が低下している。

　日本の人口構成は今後さらに高齢化が進み，2060年頃には国民の約4割が65歳以上になると推定されている。今後，家計のフローの貯蓄はマイナスに転じ，家計貯蓄残高は徐々に減り続けていくことだろう。現在は企業部門が黒字となって，家計の貯蓄率低下を補っているが，家計

図2-6　日本の人口構成（予測含む）

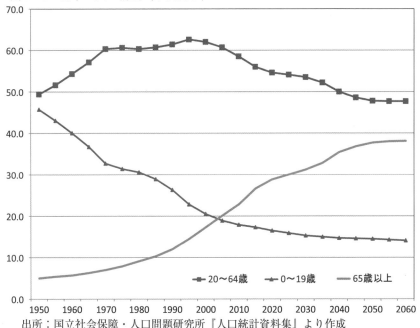

出所：国立社会保障・人口問題研究所『人口統計資料集』より作成

の赤字が拡大すれば，国全体の貯蓄残高も減っていくかもしれない。

(3)　経済成長の鈍下

　ただし，現役世代の生涯所得が上の世代の所得よりも高い状態が保たれるなら，言い換えると，現役世代の貯蓄の増加が高齢者の貯蓄取り崩しを上回るほどに経済成長が高ければ，家計貯蓄はプラスを維持できる。しかし図2−1でも見たとおり，日本人の収入は増えなくなり，若い世代の生涯所得は前の世代の生涯所得を下回るようになってきた。そのため，人口の面でも，金額の面でも，現役世代の貯蓄よりも高齢者の貯蓄取り崩しの方が多くなろうとしているのである。

　バブル崩壊後の失われた二十年には，経済成長が鈍下しデフレも発生して，企業の先行き見通しは悪化した。そのため企業は積極的な設備投資を行わなくなり，日本経済はさらに低迷した。どうせ設備投資をするなら海外で行った方が高い売り上げや収益が期待され，特に製造業において，いわゆる空洞化が進んだ。

　少子高齢化で人口減少は避けられないまでも，一人あたり生産性を上げることで経済成長を達成することは可能である。成長が期待される産業の中でも，労働力や労働時間に依存しない，アイデアやITを活かした生産への期待は大きい。構造改革や成長戦略が幾度も政府の大きなテーマに掲げられ，安倍内閣のもと働き方改革も実行されたが，まだまだ生産性向上のための政策が必要である。

(4)　高齢者の資産選択

　高齢者の退職後は，年金だけで足りなければ貯蓄の取り崩しが始まり，フローの貯蓄率は下がってマイナスになる。それでも，ストックでは，若者や中堅世代よりもはるかに多くの貯蓄残高を抱えている（図2

図2-7(a)　年代別の金融資産構成（残高，万円）

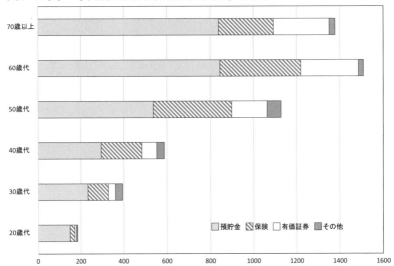

出所：日本銀行金融広報中央委員会『暮らしと金融何でもデータ』より作成

図2-7(b)　年代別の金融資産構成（構成比，％）

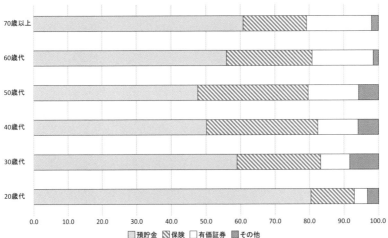

出所：2-7(a)と同じ

−7（a））。貯蓄内容はどの世代でも預貯金が最大であるが，60 歳代，70 歳以上は他の世代よりも有価証券（債券，株式，投資信託）が多くなっている。

　構成比に直した図 2−7（b）では，その傾向がより明確に見られ，高齢者の貯蓄の 20% 近くを有価証券が占めている。フローの収入が少なく，ストックが大きいために，高いリターンが期待できる有価証券投資への関心が高いからであろう。それに対して，若年層では 8 割が預貯金と，すぐに使える流動性重視であることが分かる。また 40 代，50 代では，子育て時期で住宅ローンも抱え，保険の割合の高いことが特徴的である。

参考文献

内田浩史『金融』有斐閣，2016 年
釜江廣志『入門証券市場論　第 3 版補訂』有斐閣ブックス，2015 年

3 | 企業と金融

《**目標＆ポイント**》 コーポレート・ファイナンスの基礎的な考え方を学ぶことが，この章の目的である。企業が資金を必要とする理由や調達手段，キャッシュフローの概念などを学び，日本の特徴を知る。その後紹介する理論的な考え方は，現代の企業行動や金融市場の動きを理解するうえでも役に立つだろう。

《**キーワード**》 企業利益，キャッシュフロー，負債と資本，企業価値，資本コスト，モディリアーニ・ミラーの定理，コーポレート・ガバナンス，利益剰余金

1. 企業行動と資金調達

(1) 企業の資金需要

　企業とは，営利などを目的として，資本や労働などの資源を結合させ，財・サービス生産などの事業活動を行う組織体である。企業の行動目的は，多くの場合利益の追求である。そのためには，収入と費用の差額である利益を最大化するように，市場動向を見極めながら製品の生産量を決定し，できるだけ効率的に労働や資本を組み合わせて生産をしていると考えられる。

　どのような場合に資金を調達する必要が生じるのだろうか。まず新しい事業を始めるときや生産を拡大するためには，事務所や工場・機械などの設備を新設・増設する資金が要る。実際に生産が開始・拡大して企業利益につながるまでには時間差があり，自己資金で足りない場合は，

かなり巨額な金額を長期間にわたって調達せねばならない。

　事業が始まっても，生産したものが売れて収入が入ってくるまでには時間差があり，原材料費や従業員給料を支払う資金が足りなくなるかもしれない。在庫を多く抱える場合も，将来売り払うまでに資金が必要だろう。これらの場合は，設備資金より短期間で少額ながら，他者から資金を借りる必要がある。

　以上はわずかな例であるが，企業には様々な期間や目的の資金需要があり，自己資金でまかなえなければ，銀行からの借り入れや他の調達手段に頼ることになる。その際，1章で紹介した金融機関や金融市場が活用される。

(2)　企業利益とキャッシュフロー

　企業経営においては，損益計算書などに記録される企業の状態と，資金の出入りからみた企業の状態にずれが生じることがある。たとえば商品を販売したとき，支払いを受け取る権利を得た時点で会計上は収入と計上されるが，売掛金等の形で支払いを猶予すれば，資金はまだ入ってこない。支払い期限までの資金繰りがうまくいかなければ，会計上は利益をあげているのに，手元資金が不足して黒字倒産となりかねないのである。そのような事態を避け，よりよい企業経営を行うためには，会計利益とともにキャッシュフロー（資金の流出入）に注目する必要がある。

　まず，企業の営業活動から得られる資金の流入と流出との差額を営業キャッシュフローと呼ぶ。会計利益とのずれは，すでに例にあげた売上債権や仕入債務によって生じる。仕入れ債務を負うと会計上は費用となるが，実際にはまだキャッシュが支出されたわけではない。また，製品在庫をもった場合，原材料費がキャッシュとして支出されていても，会

計上は在庫が販売されるまで費用に計上されない。

　その他，減価償却費も会計利益とキャッシュフローのずれを生む。毎期費用として計上されながら，実際にはキャッシュの流出がないからである。減価償却費として蓄積された資金が実際に流出するのは，後に設備投資が行われたときである。

　設備投資にともなう資金の流入と流出の差額は投資キャッシュフローと呼ばれる。生産を増やすために設備を増強する必要があれば，設備を購入するために資金が出て行き，生産設備を売却すればその代金が入ってくる。

　そして，営業活動と投資活動から生じる資金の流入と流出の差額をフリーキャッシュフロー（FCF）と呼ぶ。企業に資金を提供する銀行や投資家からすれば，元本と利子の返済にあてられ，配当などで利益を還元するための原資となるのが FCF であり，損益計算書に記載される利益とともに企業動向を知るための重要な指標とされている。

　投資資金が足りないときには，資金を調達する必要がある。逆に返済や償還のためには，資金が使われ企業から出て行く。このような財務活動による資金の流入と流出の差額を財務キャッシュフローと呼ぶ。経営，投資，財務のキャッシュフローを観察することで，売上や利益では見えなかった企業の動向をつかむことができる。

(3)　企業の資金調達手段

　企業の資金調達手段は，大きく内部資金と外部資金とに分けられる（図 3-1）。内部資金は主に内部留保（企業が事業活動を通じて得た利益のうち余剰分を企業内部に保留して蓄積された資金）と減価償却費からなる。誰かに返済や利子・配当支払をする必要がないため，企業にとっては最も使いやすい資金とされている。ただし，有効に使われなけ

れば機会費用が発生し，コストがゼロというわけではない。

　外部資金としては，借入と，すでに 1 章でも取り上げた株式，社債が代表的な調達手段である。借入は主に銀行など金融機関から調達される資金であり，元本に利子を上乗せして返済する必要がある。期限が 1 年以内であれば短期借入，1 年超であれば長期借入である。金融機関からでなく，企業間の取引にともなって発生する買掛金（売掛金）のような借入（貸出）もあり，企業間信用と呼ばれる。

　株式は，まず株式会社設立時に出資金を集めるために発行される。それ以降も，設備増強など企業拡大の過程で，証券市場を活用して資金調達する手段として使われる。元本返済の必要はなく配当支払も利益次第のため，外部資金のなかでは自由度が高いとされる。ただし，明示的に配当支払のコストがかかるのに加えて，株価の維持や上昇を求める株主からの要求に応えることが，一種のコストと考えられる。

　社債には，普通社債と呼ばれるもの以外に，新株予約権付き社債，仕組み債がある。いずれも証券市場を活用して発行され，決められた期限に利子を上乗せして返済（償還）されるため，企業にとってはコストを感じやすい調達手段である。投資家にとってみれば，1 章で述べたよう

図 3－1　企業の主な資金調達手段

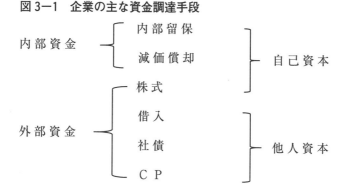

に，期限や返済額が明記され，株式に比べて不確定な要素が少ない。

なお，内部資金と株式とを合わせて自己資本，株式を除く外部資金を他人資本という分類の仕方もできる。

(4)　外部資金調達の日米欧比較

外部資金の内容について日本と他国を比較した資料が図3−2である。かつて銀行借入への依存度が高かった日本企業も，半分近くを株式で調達するようになり，欧米企業の水準に近づいてきた。借入の比重は，米国よりまだかなり高いが，ユーロ圏よりは低い値となっている。米国に比べて大きな差があるのが，債務証券である。1 章で紹介した社債やCP などであり，これがもっと増えるなら，証券市場の役割がさらに高まることが予想される。

図3−2　企業負債構成の日米欧比較（2017 年 3 月末，%）

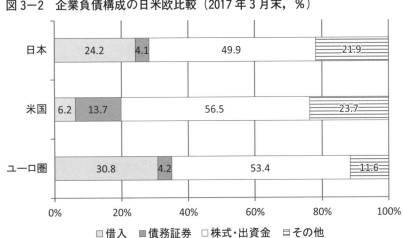

出所：日本銀行『資金循環統計』より作成

2. 企業のバランスシートと企業価値

(1) 企業のバランスシート

　企業による営業，投資，財務などの活動の結果生み出された現在の資産負債ストックを示したものがバランスシートである。一般企業のバランスシートを簡略化して示すと表3−1のように整理できる。バランスシートの左側には資産が記され，1年以内に現金化できるかどうかを境目に，大きく流動資産と固定資産に分けられる。また，それぞれに，物的な資産と金融資産とが含まれる。

　右側には負債と純資産が記され，負債はやはり1年を境目に流動負債と固定負債に分けられる。流動負債の中には短期借入やコマーシャルペーパーが，固定負債の中には長期借入や社債が含まれ，いずれも外部資金である。純資産のうち資本金は株式により調達された外部資金であるが，各種剰余金は減価償却費とともに内部資金となる。

表3−1　企業のバランスシート

資産		負債および純資産	
流動資産	現 預 金	流動負債	短 期 借 入
	売 掛 金 等		買 掛 金 等
	在 庫 等	固定負債	長 期 借 入
固定資産	有 形 固 定 資 産		社 債 等
	無 形 固 定 資 産	純 資 産	資 本 金
	投 資 そ の 他		資本剰余金・利益剰余金

(2)　企業価値の測り方

　バランスシート左側の工場設備などの有形固定資産は，様々な投資プロジェクトにより構築されたものである。また，在庫はその企業の生産・販売プロセスの中で必要な水準保有され，あとで販売されて利益に結びつくはずである。投資その他の中には，たとえば子会社の株式のような長期金融資産が含まれ，それは子会社との取引関係を通じて，やはり将来自社に利益をもたらすと期待される。つまり，バランスシートの左側は，企業活動の集まりであり，色々な形でリターンを生み出す源泉である。同時にそれらは，リスクを生み出す源泉でもある。

　このように考えると，この企業の価値は，過去に実施してきた投資その他の企業活動によって獲得された資産そのものであると捉えることができる。近年，企業の合併・買収（M&A）が盛んに行われ，被買収企業の適正な価格＝企業価値を測る必要性が増している。それは海外や大企業に限られた話ではなく，地方の中小企業においても，地場産業の再編の問題やいわゆる承継問題において，企業価値の測り方が注目されている。

　バランスシートの左側である企業資産の総額によって企業価値を測るやり方はコスト・アプローチと呼ばれ，その企業を再構築するには同じ資産を購入するための費用がかかるという発想に基づいている。ただし，バランスシートに記された数字に帳簿がつくられたときのものがあれば必ずしも正確でないから，真の市場評価である時価に直さねばならない。また，買掛金のような即座に返済しなければならない営業上の負債の分は差し引く，などの修正が必要である。

　そのような測り方に対して，企業の価値は今後どれだけの利益をもたらしてくれるかで評価すべきという考え方もあり，それに基づく企業価値の計り方をインカム・アプローチと呼んでいる。将来にわたる利益ま

たはキャッシュフローを推定し，それを利子率などの適当な割引率で割
り引いて現在価値を求めるというやり方である。

　上場企業の場合は，株式市場において絶えず価値が評価されている。
そこでは，将来の利益増加が予想されれば，高い株価として現れるはず
である。この株式市場の情報を利用して企業価値を求めようとするやり
方をマーケット・アプローチと呼び，株式の時価総額と負債総額の合計
額を企業価値の推定値とする[1]。

　これはバランスシートの右側に注目するものであり，銀行や社債権者
などの貸し手，株主など投資家が行う企業評価である。彼ら資金の出し
手は，企業活動によって得られる将来の FCF が元利払いや配当などの
原資であることを知っており，そこからのリターンに期待している。そ
の代わりに企業リスクを負うのであるから，リスクに配慮しながら将来
のキャッシュフローを現在価値に直すことで，企業価値を求めている。
その意味では，バランスシートの左側に注目したインカム・アプローチ
に近い捉え方とも言える。

3. 企業金融の古典的理論

　それでは，企業はどのような考えで資金調達の額を決め，負債で調達
するか株式で調達するかを決めているのであろうか。それが分かれば日
本企業と欧米企業との差異や，高度成長期と現在の変化の理由を明らか
にすることができる。本節では，資金調達の決定因を考えてみよう。

---

[1] ただし，上場されてない企業の場合には，類似企業の株式価値で代替するなどの
工夫が必要であり，不正確にならざるをえない。

(1) 資本コストと企業投資

　企業は様々な資金調達手段をもっており，最も望ましい調達の仕方を模索していると考えられる。借入や社債などの負債で調達すれば利子というコストがかかるし，株式を発行すれば利益配当などの株主の要求に応えるコストがかかる。

　今，仮に内部資金はないものとして，資金の半分を負債で，もう半分を株式で調達していたとすると，平均的には負債と株式の中間のコストがかかっていることになる。負債の比重が2／3で株式が1／3になれば，より負債に近いコストがかかる。こうして計算される調達資金の平均的なコストのことを，資本コストと呼んでいる。

　調達した資金によって企業は投資プロジェクトを実施し，得られた収益からコストを支払わねばならない。したがって，資本コスト以上の収益率をあげられるプロジェクトが採用され，資本コスト以下のプロジェクトは採用されないと考えられる。資本コストが，投資の切り捨て率（cut‐off rate）の役割を果たしているのである。当然，資本コストが低いほど多くのプロジェクトが実行できて調達資金も多くなり，利益が得られるので，企業としては資本コストが低いほど望ましいことになる[2]。

(2) 最適な負債比率

　では，企業の経営者や財務担当者がうまく資金調達すれば資本コストを下げることができるのだろうか。株式と負債だけで調達している場合で言えば，資金全体に占める負債の比率に，資本コストを最小にする最

---

[2] 以上の説明は，内部収益率法（IRR）と呼ばれる投資決定基準を概説したものである。より優れているのは正味現在価値法（NPV）と呼ばれる決定基準であるが，同じ判断になることも多く，同程度に広範に使われている IRR を紹介した。

50

適な値が存在するのだろうか。

　直感的には，当然あると答える人が多いのではないだろうか。たとえば負債の利子率が10%で株式のコスト率が0％でよいというなら，すべてを株式で調達すれば資本コストは0％なので，最適な負債比率は0％である。逆に負債の利子率が低ければ最適な負債比率は100%になる。

図3−3　負債比率と資本コスト

（a）資本コストを最小にする負債比率が存在する

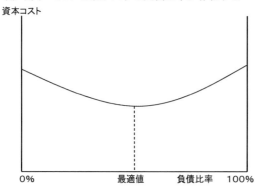

（b）負債比率を変えても資本コストは一定（MM定理）

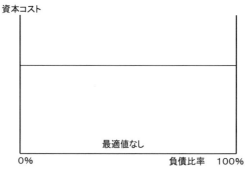

　おそらく株式も負債もコスト一定ということはなく，調達額によって
コストが変化するだろう。いずれの調達手段も，調達額が少ないときは
低コストですむけれど，額が大きくなるにつれてコストが逓増すると考
えられる。負債が増えれば利子率が高くなるし，株式発行を増やせば株
価が低下するような状況である。そのような場合は，0％よりは大きく
100％よりは小さい値が，資本コストを最小にする最適な負債比率にな
ると考えられる（図3−3（a））。負債比率100％だと負債のコストが大
きすぎるので少し株式を入れた方がよいし，負債比率 0％だと株式の
コストが大きすぎるので少し負債を入れた方がよいからである。

　ところが，負債比率を変更しても，資本コストは変わらないとする経
済理論が1950年代末に現れた。モディリアーニ・ミラーの定理（MM
定理）である。彼らは，負債市場も株式市場も完全競争的な市場であれ
ば，企業側の思惑を打ち消すように投資家が動いてしまうというのであ
る。たとえば株式だけで調達していた負債比率 0％の状態から，コス
トが安い負債を導入すると，負債比率の上昇によってフィナンシャルリ
スクが高まったとして，株主が株式に要求する収益率が高くなってしま
うのである。株主が借金の増えた会社の株式を敬遠して株価が下落し，
株式コストが高くなると言い換えてもよい[3]。それによって負債と株式
のコストの平均値である資本コストが下がらないことを，彼らは理論的
に示したのである（図3−3（b））。

　だが，現実には負債市場も株式市場も完全競争的ではない。取引費用
がかかり，情報も不完全である。次項で触れる税制や倒産リスクの存在
もMM定理を成立させない要因である。資本コストの値は負債比率な

---

[3] さらに言い換えておこう。借金をすれば株主資本以上に事業拡大することができ
て株主出資あたりの利益が増大しそうに思えるが，同時にリスクも増大するため，
企業価値評価は相殺される。

どの財務意思決定によって変わりうるのである。したがって，負債市場や株式市場の動向で企業投資は変化し，企業価値も左右される。もしも証券市場が適正な価格をつけられなければどのようなことが起きるであろうか。この点は8章のバブルの例で取り上げる。

(3)　法人税制と資本コスト

　MM定理の世界を現実に近づけるためにまず考慮に入れられたのが法人税制である。負債に対する利子支払いが損失として差し引かれるなら，その分課税対象利益が減り，税支払いを節約することができる。多くの国で，負債の比重を高めると節税できるような税制が採用されており，負債比率が高い方が資本コストは低くなる。

　しかし，多くを負債に頼るような企業には，資本コストの観点から別の問題が生じる。負債の増加は，企業の倒産確率（ディフォルト・リスク）を上げるからである。なぜなら，負債が大きくなると，返済分が企業収入の多くを占めて資金繰りを苦しくし，バランスシートで債務超過になる可能性を高める。それのみならず，取引先からの信用を下げたり，従業員のやる気を下げたりするおそれもある。

　成長プロジェクトのために新たな資金を調達しようとしても，負債に頼る企業に対しては，資金を新規事業に使わず既存負債の返済にあてるのではないかと，疑念を抱かれるかもしれない。だとすればリスクプレミアムを上乗せしなければ資金調達はできず，資本コストを押し上げる。負債には節税効果というメリットと，ディフォルトリスクというデメリットがあるというこのような見方は，トレードオフ理論と呼ばれている。

4. コーポレート・ガバナンス

(1) 所有と経営の分離

　現代の企業は，調達資金の多くを外部資金に依存している。自己資本の一部である株式でさえ，オーナー企業や同族企業でないかぎり大部分が外部者に保有されている。株式会社という仕組みには，有限責任制によって多数の株主から資金を集めることができ，大きな事業を行えるというメリットがある。株主は，たとえその企業や事業に詳しくない素人であったとしても，出資することで事業利益の配当を受けることができる。個々の株主の規模が小さければ株主からの経営関与は小さく，企業経営は経営者という専門家に任される。

　このように，現代の株式会社においては，資金を提供し法律上会社の所有者である株主と，経営業務を行う取締役や執行役とは別人であることが多い（所有と経営の分離）。このとき，所有者である株主は依頼人（プリンシパル）として，取締役等に経営を依頼し，経営者は株主の代理人（エージェント）として働いているエージェンシー関係にある。

　エージェンシー関係においては，利害対立と情報の非対称性という，2 つの大きな問題が生じることが知られている。第一に，株主と経営者の利害は一般に一致しない。株主は，会社が利益を上げ，配当が増えることや株価が上がることを好むのに対し，経営者は自分の地位の維持や名声を求めて，会社の利益に直結しない事業をすすめるかもしれない。そのとき，第二に，経営者の行動や考え方を逐一把握できれば，株主も対処の仕方があるかもしれないが，多くの場合情報は非対称で，経営者の方が実態をよくつかんでいる。それに乗じて，経営者が株主からの資金を無駄遣いするような，モラルハザードが生じる可能性もある。

　このような状況においては，株主は必要以上に経営者の行動を警戒

54

し，資金提供に対する代償である利益配当を高く要求するかもしれない。それは会社経営にとって余分なコストとなるだろう。そうしたエージェンシー問題から生じるコスト（エージェンシーコスト）を引き下げ，経営者に正しい経営を行わせる管理・監督の仕方の問題をコーポレート・ガバナンス（企業統治，企業の規律付け）と呼んでいる。

　株主と経営者の例では，株主は伝統的に2つのガバナンス手段をもっている。ひとつは，株主総会や株主代表訴訟によって経営者を直接批判するという手段である。もうひとつは，よくない経営を行えば株式を売却してその会社を見限るという手段である。株価は企業経営の成績評価であり，新規株式発行の有利さを示すものでもあるから，経営者は株価の下落を避けたいと考えているだろう。株価下落のおそれがプレッシャーとなって経営の規律付けが行われるというルートである。

　それら伝統的な手法に加えて，近年多くの企業が採用しているのが業績連動型報酬やストック・オプションである。前者は，企業業績が上がれば経営者の報酬を上げるという仕組みであり，後者は自社の株価が上がれば価値の上がった自社株式をあらかじめ決められた価格で購入する権利を経営者に与える仕組みである。いずれも，株主と経営者の利害を一致させることを狙いとしており，ガバナンス向上手段として機能している。ただし，これらの仕組みは，損失隠しのような不正をしてでも，利益を大きく見せかけ株価をつり上げるようなインセンティブを，経営者に与えるおそれがあることが指摘されている。

(2)　資金調達の変化とガバナンス

　銀行や社債購入者などの債権者も，経営者とエージェンシー関係にあり，エージェンシー問題を抱えている。しかも，返済の優先順位は高いけれど，通常，株主に比べ直接のガバナンス手段が限られている。株主

総会の議決権をもっているわけでもなく，経営に不満があるからと貸出債権を株式のように転売することもできないからである。ただし，企業が負債で資金調達した場合は，元本と利子を返済する義務を負うから，負債自体が経営者にプレッシャーを与え，危うい経営を行わせないガバナンス効果をもつと考えられている。

ところが，株主の利害と債権者の利害とが一致しないことから，企業には別のガバナンス問題が発生する。債権者は確実に元利返済されるような安全な経営を希望するのに対して，株主は負債を返済した後にも配当利益が残るような，ある程度のリターンが得られる経営を望むだろう。つまり株主の方がリスク志向が高いと考えられる。

伝統的な株式，借入，社債だけでなく，これらの中間的な性質をもった資金調達手段も利用されている。たとえば劣後債は通常の社債に比べて返済順位が劣る社債である。種類株と呼ばれる株式には，普通株主よりも配当や残余財産配分が優遇される優先株式，株主の権利が制限される劣後株式や議決権制限株式などもある。その他，株式への転換権が付与された転換社債もある。それぞれに経営者との利害関係や情報の非対称性は異なるだろう。

経営者は，異なる志向をもったステーク・ホールダー（利害関係者）の間で，バランスをとりながら，経営を行う必要がある。利害調整をする必要性は，多様な資金提供者から多様な調達の仕方をするほどに，高まるだろう。つまり証券市場などの発達によって企業の資金調達が変化すれば，それに応じてコーポレート・ガバナンスの変化も求められるのである。

(3)　日本企業の資金余剰とガバナンス

2章図2-3で見たように，日本の企業部門はいまやフローでは黒

字主体となっており，内部留保の一部でもある利益剰余金が増加している（図3-4）。そのため，あたかも日本企業が黒字をため込んでいるかのようにとられ，従業員の賃金に回せとか，配当や自社株買いによって株主に還元せよなどと言われることがある。

　しかし，内部留保は将来の設備投資のために蓄えられているのかもしれず，不確実性が増す現代経済では自己資本を高めリスクに備えておく必要性が増しているのかもしれない。問題になるのは，それによって現在と将来，どのような資産を手に入れ事業を行うかという経営判断であり，内部留保が一概に悪いわけではない。たとえ収益を生み出さない現預金の形でもたれていたとしても，流動性を高め，倒産リスクを下げることができている証拠かもしれない[4]。実際，安定して現預金を多くもっている企業が市場で高く評価される場合もある。

　利益剰余金や現預金保有が悪く見られるのは，その企業の経営方針が債権者や投資家に理解されてない場合である。バブル期に見られたような，将来の損失につながる設備や資産に支出されてしまうことを，心配するからである。それはガバナンスに対する信頼感の欠如の問題でもある。企業は，資金の出し手とのコミュニケーションを重視し，利害対立や情報の非対称性によるエージェンシーコストが高まることを防がねばならない。そして言うまでもなく，優良企業と呼ばれる企業であれば，その重要性を正しく認識しているだろう。

---

[4] 図3-4に見るように，日本企業の現預金は資産全体の増加を上回るペースで増加し，現預金／総資産の比率は上昇して，欧米企業よりもかなり高い。ただし，1970年代や80年代の日本企業は，今よりももっと現預金比率が高かった。

図 3−4　日本企業の現預金保有と利益剰余金（兆円）

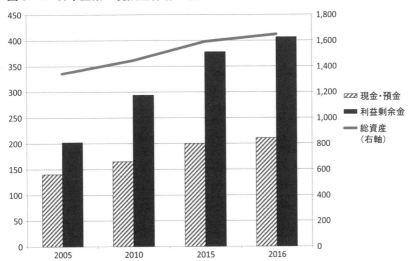

出所：財務省『法人企業統計』より作成

参考文献

筒井義郎編『金融分析の最先端』第 5 章　谷川寧彦「コーポレート・ガバナンス」，第 6 章　野間敏克「日本の企業金融」東洋経済新報社, 2000 年

砂川伸幸・川北英隆・杉浦秀徳『日本企業のコーポレートファイナンス』日本経済新聞出版社, 2008 年

野間敏克編著『証券市場と私たちの経済』放送大学教育振興会, 2015 年

4 │ 銀行の役割

《目標＆ポイント》 本章は，銀行が果たしている金融仲介機能について深く
理解することを目的とする。専門化の利益などを活かしながら情報生産など
を行っていることを学ぶ。それによって銀行は金融取引の障害を克服しよう
としているが，銀行中心の金融システムに問題点があることも知る。
《キーワード》 金融仲介機能，情報の非対称性，専門化の利益，規模の経済
性，情報生産，リスク分散，資産変換，リレーションシップ・バンキング

1. 銀行のバランスシートとビジネスモデル

　銀行は，1章で学んだように，専門機関として最終的貸し手と最終的
借り手との間の資金移転を仲介している。それがどのように行われてい
るのかを，銀行の業務にも触れながら解説した後，理論的な視点から銀
行の機能を考えよう。

(1) 銀行のバランスシート

　表4-1には，銀行のバランスシートを簡単化したものが示されてい
る。銀行が金融仲介を行う主な資金源となるのが預金であり，預金通帳
は銀行が発行した間接証券である。資本金や各種の剰余金もバランス
シートの右側に記され，一般企業と同様に自己資本を構成する。その他
に，インターバンクの短期金融市場であるコール市場から調達する資金
（コールマネー）やオープンな市場性資金であるコマーシャルペーパー
も銀行の資金源である。

　それら資金の最大の運用先は，企業や個人への貸出金である。また，

表 4−1 銀行のバランスシート

資産	負債および純資産
日本銀行当座預金	預金
貸出金	
有価証券 債券 株式	資本金 各種剰余金など

債券や株式などの有価証券も保有されており，国債は中でも有力な運用資産である。そしてこれらの取引にともなう約束証書の多くは，最終的借り手が発行した本源的証券である。

　銀行は，現金や他の銀行への預け金も保有している。日本銀行への預け金である日本銀行当座預金（日銀当座預金）は，日本の金融システム全体にとって非常に重要な項目である。日本銀行から現金を引き出すときの原資になり，5 章で解説される支払・決済を仲立ちし，7 章で日本銀行が金融政策を行う時の操作目標になるからである。

(2)　銀行の業務

　銀行の業務は「銀行法」で定められており，本業である固有業務は預金，貸付，為替の 3 つである。銀行法にあげられている他の業務は付随業務と呼ばれ，貸金庫などはこれにあたる。銀行法以外の法律で定められた業務も銀行は行っており，それらは周辺業務と呼ばれる。

　固有業務のうち，預金業務は預金者から資金を預かる業務であり，預かり方，あるいは発行される約束証書の性質によって，要求払預金（普通預金，当座預金など）と定期性預金（定期預金など）に分けられる。

　貸付業務は企業や個人に対する貸出であり，手形割引，手形貸付，証書貸付，当座貸越に分けられる。とはいえ，伝統的な短期借入手段である手形を用いた手形割引や手形貸付は非常に少なくなっており，長期の

貸出に対応し複雑な条件を書き込むことができる証書貸付が主流となっている[1]。

　為替業務とは，顧客に代わって支払いを代行する業務であり，国内での支払を内国為替，異なる通貨間の支払いを外国為替という。金融仲介と並ぶ銀行の重要な機能である支払・決済の柱であり，次章で詳しく取り上げる。

(3)　銀行の収益と費用

　銀行は何によって儲けているのか。最も大きな利益の源は，預金と貸出，あるいは資金調達と運用との利ざやであった。預金などの調達資金には低めの利子を支払い，貸出などの資金運用ではそれより高い利子を

表4-2　銀行の損益計算

経常収益(A)
資金運用収益 　　　　貸出金利息 　　　　有価証券利息配当金 　　役務取引等収益 　　その他収益
経常費用(B) 　　資金調達費用 　　　　預金利息 　　　　その他利息 　　役務取引等費用 　　営業経費（人件費・物件費） 　　その他費用
(A)－(B)経常利益
＋特別利益－特別損失＋税支払い
当期利益

[1] 全国銀行協会（2017）に業務内容や変化が詳しく解説されている。

得てきたのである。為替業務にともなう振込手数料や，付随業務・周辺業務で手数料などを稼いだとしても，本業の預金-貸出利ざやよりもはるかに小さい利益源であった。

　銀行の主な損益項目を並べたものが表4-2である。経常収益や経常費用は通常活動の結果得られた収益・費用である。資金運用収益は，貸出金利息と有価証券利息・配当が主なものである。役務取引等収益とあるのは各種の手数料収入を指す。そこから差し引かれる費用は，預金利息をはじめとする資金調達費用，役務取引等費用，営業経費からなる。経常収益から経常費用を差し引いたものが経常利益であり，銀行の経営動向を見るための基本的な指標となる[2]。

　図4-1(a)，(b)には，銀行の経常収益の金額（棒グラフ，右軸）と経常収益に占める資金運用収益，役務取引等収益の割合（折れ線グラフ，左軸）の動向が示されている。都市銀行においても地方銀行においても，2000年度以降の経常収益が減少していることが分かる。低金利が続いたことで，資金運用収益が減少したことが最大の原因と考えられる。そのため，経常収益に占める資金運用収益の割合は低下し，都銀では60%を下回るようになっている。割合を高めているのが役務取引等収益であり，都銀では20%に達している。資金運用と調達の利ざやで稼ぐことが銀行の利益の中心であったが，手数料の比重が高まっているのである。

---

[2] これら損益の中でも，銀行の固有業務に関わる資金運用収支（資金運用収益-調達費用）と，役務取引等収支（各種手数料の受取-支払い）は，銀行本来の業務の動向を示すものとして重視されており，両者の合計は業務粗利益と呼ばれる。

図4−1　銀行の経常収益および経常収益に占める各収益の割合

(a)都市銀行

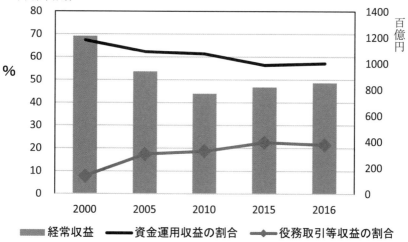

(b)地方銀行

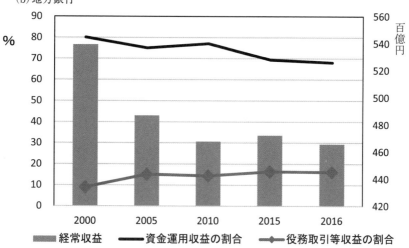

出所：全国銀行協会「各種統計資料」より筆者作成

　図4-2には，預金その他で集めた資金を，貸出その他で運用するという銀行のビジネスモデルの維持が難しくなったことが示されている。総資金利ざや（運用利回り－調達利回り）が急速に低下しているからである。その傾向は都銀において強く，0.1%を下回るようになった。メガバンクが100兆円の資金を調達・運用しても1000億円の資金運用収益しか稼げない計算である。仮に2万人の行員数がいて年間500万円の給料を支払えばなくなってしまう金額である。2017年3月時点のメガバンクの行員数を見ると，まさに2万〜3万人のようである（全国銀行協会統計資料）[3]。地銀においても利ざやは0.2%を下回るようになって

図4-2　銀行の総資金利ざや（都市銀行・地方銀行）

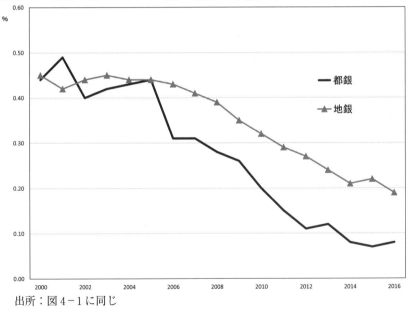

出所：図4-1に同じ

---

[3] 2017年の秋，メガバンクは相次いで人員削減方針を発表した。2017年10月28日『日本経済新聞』電子版など参照。

おり，やはり利ざやだけで経費をまかない経常利益黒字を生み出すことは困難になっている。

　それでは，銀行の存在価値がなくなってしまったのだろうか。ビジネスモデルを転換しなければならないのだろうか。次節では，銀行が果たしている機能と優位性をあらためて整理し，経済環境の変化や情報技術の進歩によって，銀行の優位性が低下し，銀行に求められる機能が変化した可能性を指摘しよう。

2．金融仲介機能を果たすには

　銀行は，間接金融に関わる金融仲介機関である。1章で述べたとおり，金融機関や金融市場は金融取引に存在する4つの障害，すなわち①取引費用，②不確実性，③情報の非対称性，④契約の不完備性，を緩和するための仕組みであることが求められる。以下では，銀行が行っている業務を念頭におきながら，どのような活動を行うことで，4つの障害を緩和し，最終的な貸し手と借り手とをつないでいるのかを考察する。

(1)　専門化の利益，規模の経済性，範囲の経済性

　金融取引においてまず障害になるのは，様々な取引費用であった。銀行があることによって，われわれは自分で貸す相手を探さなくとも，銀行が借り手となってくれる。取引条件が明確で交渉をする必要があまりなく書類作成などの費用がほとんどかからない預金という貸し方ができる。資金を必要とする企業も，自分で資金を借りる相手を探さなくとも，銀行が貸し手となってくれる。もちろん交渉をする必要はあるが，自分で探す場合に比べれば，契約し実行する手続きは定型化されており，手間はずいぶんと省くことができる。

　銀行は，多数の預金者や企業を相手に，無数の金融取引を繰り返して

きている。そのために取引のノウハウは蓄積され，低いコストで貸し借りを行うことができる。このような専門化の利益のあることが，個人や一般企業よりも有利に金融取引を実行できるための必須条件である。

　銀行が負担する費用には，店舗網や IT システム整備のように，取引額や取引数が小さくても大きくてもかかる固定的な費用もあれば，書類作成のように取引ごとにかかる変動費用もある。固定的な費用の割合が高ければ，規模が大きいほど取引額や取引数あたりの費用（平均費用）が低下する。これを規模の経済性と呼び，IT 技術や金融技術が高度化し巨額のシステム投資を要するようになると，規模の経済性が強くなる。

　また，多様な業務を行うときに，共通してかかる費用もあれば業務ごとに個別にかかる費用もある。共通してかかる費用の割合が高いほど，多様な業務を同時に行った方が，別個に提供するよりも費用が抑えられる。これを範囲の経済性と呼び，銀行はそのような性質をもっている。というのも，銀行は預金を用いて為替業務を行い，貸出は預金口座に振り込まれ，次項で見るように預金の動きから貸出に役立つ多くの情報が得られる。多様な業務どうしが補完的に関連しあっているとみることができる。

　逆にこれらの利益や経済性が低下すれば，銀行の優位性は低下する。銀行に頼らなくても低コストで貸し手や借り手を探す手段が現れたり，店舗のような固定設備よりもインターネット上で取引をした方が有効になったりした場合である。

(2)　情報生産
　不確実性や情報の非対称性への対処として最も重要なのは，借り手企業に対する銀行の情報生産である。まず貸出候補の企業に対しては，貸

出契約の前に多くの情報が集められ，審査が行われる（事前の情報生産）。借り手企業の状況だけでなく，属する産業の動向や，マクロ経済の動向までも考慮される。それによって，貸し手と借り手の間の情報格差を埋めるとともに，不確実性要因をできるだけ抑えようとする。

貸した後も，借り手企業の動向は監視され，計画変更や業績急変などがないかチェックされている（期中の情報生産）。そして借り手企業の経営状況が不調になった時には，原因をさぐり改善や処理の仕方を考える（事後の情報生産）。真の状態を把握するために監査を行い企業価値を査定し，場合によっては倒産処理をせねばならない。合併や事業分割，事業売却などの様々な可能性を検討し，実行する。

金融取引にともなう種々の情報生産を，銀行は個人や一般企業よりもはるかに低コストで上手に行うことができる。なぜなら，銀行には過去からの情報や，多数・多様な企業の情報が蓄積されており，その情報を利用して企業審査や監視を行うノウハウも蓄えられているからである。そして，借り手の預金口座を観察することによって，取引先や資金の出入りなど多くの情報を得ることができる。それが各段階の情報生産に活用されて貸し出しができる，すなわち信用創造を行うことができる。

情報生産においても，銀行の優位性が低下した可能性がある。まず，これまでに蓄積した情報やノウハウが陳腐化するスピードが速く，他の取引には使えなくなる場合である。たとえば製造業を中心に蓄積してきたものが，IT企業やゲームソフト企業にも適用できるとは考えがたい。貸出審査や監視を銀行員が行うよりも，インターネット上でマニアに任せた方がよいかもしれない。事後の情報生産も，かつては担保の確保と処分が最も重要だったかもしれないが，現在はただ倒産させるのではなく，M&Aや事業再生の方策を考えることが，銀行，企業，社会すべてにとって求められている。

　預金取引においても情報生産は重要である。1章で紹介した流動性リスクを回避するために，預金者がどのような性質をもち，預入や引き出しでどのような行動パターンをとるのかを把握しておかなければ，預金などで調達した資金を貸出などで運用することはできない。そのとき，やはり多数の顧客を相手に巨額の資金を扱うことが銀行の利点となる。個々の顧客はまちまちな行動をしていても，多数の顧客全体の行動は平均的に予想できる，いわゆる大数の法則が働くからである。

(3)　リスク分散とリスク管理

　銀行の貸出先の企業は，業種も規模も実績も様々である。それら企業に貸し出すことで負う信用リスクや価格変動リスクが銀行の最大のリスクである。情報生産によってそれらを軽減することはできるが，加えて，多数・多様な企業を組み合わせることによって全体としての不確実性を下げることが重要である。これは個人の資産選択においても述べた分散投資の利益であり，資産運用面で銀行に求められる機能である。不確かな取引相手がいたとしても，やはり多種多様な企業や業種の組み合わせである程度対処することができる。もちろん貸出だけでなく有価証券運用においても，情報生産と分散投資が求められる。

　銀行が抱えるリスクのうち，流動性リスクを回避するための預金者管理についてはすでに前項で言及した。貸出や有価証券についても，回収や換金に時間やコストのかかるものと，すぐに現金化できるものとを区別し，必要な時に資金不足にならないように備えておく必要がある。

　他にもオペレーショナルリスクや法規制のリスクなど，銀行が対応しなければならないリスクは広範囲に広がっており，それらの関連も複雑になっている。多くの銀行で，リスク管理専門の部署を設置し，統合的なリスク管理を行っている。

(4) 資産変換

　以上のような機能によって，銀行は間接金融機関として存在している。すなわち，本源的証券を受け入れ，性質の異なる間接証券を発行する資産変換機能である。本源的証券の代表である貸出と，間接証券である預金の性質を見比べてほしい（表4-3）。

　まず預金の預入引出は，百円や千円でも行える小口の取引であるのに対して，貸出は住宅ローンなら千万単位，企業向けには億単位も珍しくない。小口資金をプールして大口資金に変換することを銀行は行っている。

　次に預金は，預けてすぐに引き出すことができる，短期の貸し借りである。要求払預金だけでなく定期性預金であっても，ほとんど引出（返済）はいつでも可能である。それに対して銀行から企業への貸出は数ヵ月から数年，住宅ローンだと数十年の取引期間になる。いつ出ていくか分からない短期の資金を長期の資金に変換しているのである。

　そしてわれわれ預金者は，預金が返済されないことなどほぼ考えていない。預金保険によって一部保護されていることを知っていようがいまいが，大部分の人が安全資産だと思って預けている。ところが，銀行がその資金を使って運用している先は，企業向け貸出，住宅ローン，有価証券運用であり，当然信用リスクや価格変動リスクにさらされている。銀行がリスク資産を安全資産に変換しているのである。

　これらの資産変換を可能にしているのが，情報生産やリスク分散・リ

表4-3　銀行の資産変換

	資産側・貸出	負債側・預金
取引単位	大口・中口	小口
取引期間	中期・長期	短期
リスク	中リスク	安全

スク管理，それらを低コストで行うことができる専門化の利益，規模の経済性，範囲の経済性であることは，すでに説明してきた。加えて，銀行自身がリスクに対処するための資金を準備している。それが株主からの資本金と利益剰余金などを合わせた自己資本であり，あらゆるリスクのバッファー（緩衝材）として働く。銀行の総資産に対して一定以上の自己資本を求める自己資本比率規制は，金融危機に対処するための金融規制として最も重要なものであり，9 章や 11 章で取り上げられる。

3．銀行中心の金融システムの特徴と問題点

(1)　契約の不完備性と再交渉

　銀行と企業との間で結ばれた融資契約は，杓子定規に実行されるだけではない。1 章で説明したように，完備契約が不可能なら，不完備であることを前提に金融取引を行った方がよい場合が，しばしば起こりうるからである。銀行と企業との取引を見ると，基本的に 1 対 1 の相対取引であり，長期的な取引関係を結んでいることも多い。互いの事情に通じていることから，契約書に書かれてない事態が生じたとき，契約の再交渉をすることが比較的行いやすい。

　そのため，不調になった借入企業に対して，返済猶予や融資条件の見直しなどの再交渉が行われてきた。場合によっては，銀行から財務担当者や取締役が派遣されることさえもあった。おそらく事前の契約書には派遣のことは書かれていなかっただろう。再交渉は，期中および事後的な情報生産の一部とも見られ，バブル崩壊後の不良債権処理などを通して，一段と重要性を増したと言える。

　ところが，再交渉によって条件見直しに応じてもらえると分かると，企業側の甘えを生むことになりモラルハザードにつながる。ある種の節

度を互いに持ち合わなければ，再交渉によって契約の不完備性を補う銀行のメリットは活かすことができない。

(2)　長期取引の利点と問題点

　1980年代に日本的な経済システムへの関心が高まったとき，金融面で注目されたのが長期継続的な取引であり，その典型例であるメインバンク・システムであった。金融庁が地域密着型金融の機能強化のキーワードとしてあげているリレーションシップ・バンキングも，銀行と企業の長期継続的な取引を指す。

　長期取引のメリットのひとつは，取引先企業の情報が蓄積されることで情報の非対称性が弱まり，貸出における情報生産のコストを下げることができる点である。それによって，低金利の貸出や，必要時に機動的に貸出を行うことができるとされてきた。企業は銀行との間で金利上昇や資金不足のリスクをシェアできたのである。銀行の方でも，優良な顧客が安定的に資金を借りることで，収益や利益の安定につながることが期待できた。

　ところが，このような取引関係がなれ合いを生んでしまう可能性がある。企業側はいつでも借りられるものと安易に考えれば，経営規律が弱まりモラルハザードを起こす可能性がある。銀行側は，過去のつきあいを重視して安易な貸出を行ったり，経営状態が悪化しているのに，さらに貸出を増やしたりする場合がある。実際，バブル崩壊後の「追い貸し」は長期取引の悪い面が現れたと見ることができる。

　また，企業の情報を特定の銀行が独占してしまうと，取引を解消して他の銀行との取引を始めることで生まれる損失が拡大する。それを危惧して企業側は銀行を変えることができず，銀行側は独占的な地位を利用して高金利を押しつける可能性がある。これをホールドアップ問題と呼

び，実際にそのような現象が見られることを示した実証分析もある[4]。6章で取り上げる金融市場では，オープンでフェアな市場競争の活用が原則であるのに対して，銀行と企業の閉じた関係が強まると，競争の良い面が失われてしまう。

(3)　銀行頼みの金融仲介の見直し

　銀行中心の金融仲介においては，規模の経済性などの優位性をもった銀行が情報生産，リスク分散，資産変換を行い，預金者自身は情報生産を行わず，各種のリスクもほとんど負わない。企業のリスクはもっぱら情報生産を行う銀行に集中するのである。そのため，銀行の優位性がそこなわれたり，情報生産能力にかげりが生まれたり，リスク吸収力に限界が見られたりすると，このような資金循環は社会にとって最善ではなくなると考えられる。すでに述べたことも含めて，以下のような経済環境の変化によって銀行頼みからの脱却が求められている。

　まず，専門化の利益，規模の経済性，範囲の経済性に変化が見られる。インターネットを利用すれば，銀行に頼らなくても低コストで貸し手や借り手を探すことができるようになった。ネット取引によって，店舗のような固定設備の必要性は低下し，人員も削減できるようになった。専門的な知識によって作成されていた書類は，PCソフトで作成できるようになり，スマートフォンを使ってペーパーレスな契約も可能になろうとしている。

　情報生産においても銀行の優位性が低下した可能性があることはすでに述べた。技術進歩や産業構造の変化が激しく，これまでに蓄積した情報やノウハウが陳腐化するスピードが速くなったからである。それは，企業が抱えるリスクが増大し多様化したことも意味する。高度経済成長

---

[4] 小野（2011）などを参照。

期のような右肩上がり経済であれば，長年つきあってきた大企業が数年で不調に転落するような事態は考えにくかった。ところが現在は，少し前まで世界のトップ企業であったところが，瞬く間に救済を要する事態に陥ることも起こりうる。その原因は，技術の遅れであったり，世界的な不況のあおりであったり，経営上の不正行為であったりと，様々である。

　それだけ，銀行に求められる情報生産は個別企業，産業，マクロ経済，技術，法制度とあらゆることに関して行われなければならない。リスクを分散し管理しようにも，銀行が抱えきれないほどに増大したとも考えられる。それらに対処するために期待をもたれているのが AI の活用やフィンテックである。情報生産やリスク管理の能力を高めることで，経験を積んだ有能な銀行員以上に，低コストで質の高い銀行業務が行えるかもしれないのである。13 章で銀行の再編やビジネスモデルの変化として取り上げよう。

　以上にあげた他にも，銀行中心の金融仲介にはいくつかの問題点がある。銀行には「取り付け（Bank Run）」の危険性がつきまとうこと，次章で述べるように公共性が高い支払・決済機能を担っていること，銀行が情報生産をしても中小企業金融などでは情報の非対称性による信用割当がなくならないこと，などである。これらは政府介入によって改善することができ，金融規制や公的金融の存在を正当化するものである。

参考文献

内田浩史『金融』有斐閣，2016 年

小野有人「中小企業向け貸出をめぐる実証分析：現状と展望」日本銀行金融研究所『金融研究』第 30 巻第 3 号，2011 年

全国銀行協会企画部金融調査室編『図説　わが国の銀行　2017 年版』財形詳報社，2017 年

5 | 貨幣と支払・決済システム

《**目標＆ポイント**》 経済取引において交換手段として使われているのが貨幣
であり，現金よりも預金が主に使われている。預金が貨幣として機能する仕
組みを，銀行間のネットワークや日本銀行との関係を通して理解する。銀行
が果たしている支払決済機能は高い公共性をもち，個々の銀行だけでなくシ
ステム全体として健全性を保つことが重要であり，そのための対策について
も学ぶ。
《**キーワード**》 支払・決済，全銀システム，日銀ネット，日銀当座預金，決
済リスク，システミック・リスク

1．貨幣とは何か

(1) 貨幣の3機能

　貨幣は，交換手段，価値尺度，価値貯蔵という3つの機能を果たすも
のと定義される。その中でも，あらゆる財・サービスの対価として支払
いに使われる交換手段という機能が第一に重要である。財・サービスな
どを買う力（購買力）を貨幣がもっていると言い換えてもよい。貨幣が
購買力をもち交換手段であるためには，誰でもすべての人が受け取って
くれなければいけない。これを一般受容性と呼び，貨幣が備えていなけ
ればならない大事な性質である。

　それぞれの財，サービス，金融資産がいくらの貨幣と交換されるかを
表したものが価格であり，貨幣が尺度となってそれぞれの価値が示され
る（価値尺度）。また貨幣の購買力はもち越すことができ，現在は使わ

ずに貯蔵しておき，将来の取引で交換手段として使うことができる（価値貯蔵）。

(2)　物々交換と貨幣経済

　貨幣の便利さは，貨幣のない物々交換経済との違いを考えてみれば分かるだろう。物々交換の場合，自分が欲しいものを手に入れたければ，自分が欲しいものをもっていて，かつ自分がもっているものを交換に受けとってくれる相手がいなければならない。これを欲求の二重一致と言い，そのような相手を探し交換比率を交渉し交換を実行することは非常に困難である。そこに貨幣が現れれば，とりあえず自分のもっているものを貨幣に替え，価値をもち越して自分の欲しいものと出会ったときに使えばよい。

　交渉して決めなければならない交換比率も，貨幣があることで劇的に削減することができる。たとえば10個の財があったとき，物々交換で出会う2つの財の組み合わせは10(10−1)/2＝45通り考えられる[1]。ということは異なる財と財の交換比率（相対価格）も，45通りを交渉して決めなければならない。財の新旧交代など経済変化が激しいほど矛盾のない正しい価格を決めることが難しく，一時的にでも間違った価格がつけられる可能性が高くなる。それに比べて，貨幣があれば，それぞれの財と貨幣の交換比率（価格）を10通りだけ決めればよい。

　市場経済においては需要と供給から価格が決まり，価格は需要や供給に大きな影響を与える。価格がシグナルとなって生産者や消費者の行動が変化し，効率的な資源配分に導かれる。それほどに重要な役割を担う価格の決定が，貨幣経済のほうがはるかに安定的に行われるのである。

---

[1] N個の財があったとき，ペアの組み合わせはN(N−1)/2通り考えられる。

(3)　貨幣の発達

　貨幣の歴史を遡ると，商品としての価値があるものが長らく貨幣の役割を務めてきた。これを商品貨幣と呼び，古くは塩，布，貝などをあげることができる。これらは，適度に希少で，誰もが受け入れるものではあったが，いずれも劣化するため安定した価値が保たれるという点で問題があった。多くの国で金や銀など金属が貨幣となったのは，品質が安定し，量や重さで調整して価値を分割することもできたからである。金属貨幣が鋳造されるようになると，さらに品質は保証され，少額取引に使うことも容易になった。

　ただしもち運ぶには金属は重く，盗難される危険性もあって，巨額の取引や遠方への支払いには適さない。やがて両替商が金属貨幣を預かって預かり証を発行し，それを両替商にもって行けばいつでも金属貨幣に替えられるようになると，預かり証そのものが3機能を備えた貨幣の働きをするようになった。紙幣の誕生である。

　この段階では金属貨幣と交換できる兌換紙幣であるが，やがて，金や銀の裏付けがない不換紙幣であっても，紙幣は貨幣としての機能を果たすようになる。誰もが，その紙幣は交換手段としていつでも誰でも受け取ってくれると信じるようになれば，貨幣として通用するのである。皆の信用によって成り立つ信用貨幣が，現在使われている貨幣である。

2.　日本における貨幣

(1)　マネーストック統計

　わが国で貨幣としてすぐに思い浮かぶのは紙幣（日本銀行券）と硬貨を合わせた現金である[2]。これらは法律で強制的に通用力が認められた法貨であるが，おそらく多くの国民は国からの強制を意識せず，日常的

な交換手段として用いているだろう。もちろん円が価値尺度になり，現金は価値貯蔵手段としても有効である。

だがある程度の取引金額になると，現金が使われることはほとんどない，遠方への支払いに現金書留が使われることも見なくなった。多くの取引で，預金を通じた振込，引き落としが交換手段として用いられている。貨幣の主役として3機能を発揮しているのは預金なのである。

ただし前章で紹介したとおり預金には要求払預金と定期性預金があり，前者の方が手間なく現金として引き出すことができる。すぐに現金に替えられる性質は流動性と呼ばれ，預金にも流動性の高いものと低いものとがあり，貨幣の性質（moneyness）は，流動性の高いものの方が

表5−1　日本のマネーストック（2018年6月平均残高）

マネーストック名			残高（兆円）
広義流動性	M3	M1	
		現金通貨	99.1
		預金通貨	660.4
			759.5
		準通貨	547.2
		譲渡性預金	29.9
			1336.6
		金銭の信託等その他金融資産	414.0
			1750.7

出所：日本銀行「マネーストック統計」より作成

---

[2] 紙幣は国立印刷局で製造し日本銀行により発行されるのに対して，硬貨は造幣局で製造されたものが財務大臣から日本銀行に交付されて日本銀行が発行する。また，前者は無制限に通用力をもつのに対して，後者は各種20枚までに限り強制的な通用力をもつ。

なお，日本の法律上は硬貨のみを貨幣と呼んでおり，経済学上の概念用語である貨幣と混乱しやすいことから，本書では硬貨で統一した。

備えているのである。そこで，貨幣量の統計を作成している日本銀行では，何種類かの貨幣を定義し，その流通残高を公表している。この統計はマネーストック統計と呼ばれ，現金と要求払預金の合計を「狭義の貨幣」としてM1と定義した。M1に定期性預金と譲渡性預金（CD）を加えたものが，いわば「広義の貨幣」であり，M3と定義された。その他に，「さらに広義の貨幣」として広義流動性があり，それぞれの流通残高は表5－1に示されている[3]。なお，日本銀行の用語では「通貨」が用いられ，要求払預金などは預金通貨，定期性預金などは準通貨と呼ばれている。

(2)　貨幣量の推移

　図5－1には，2003年からのM3（左軸）とマネーストックに占める現金通貨の割合（右軸）の推移が示されている。M3は徐々に増加し，2013年以降，増加のペースが強まっている。意外なのは現金の比率の動向である。先述したように，交換手段として使われる金額は現金よりも預金の方がはるかに大きいし，クレジットカードや電子マネーの普及によって現金が使われる率はますます低下していると考えられる。にもかかわらず，ストック変数である現金残高の比率を示した図5－1ではむしろ上昇しているのである。2章で見た資産選択の考え方からすると，超金融緩和政策によるゼロ金利や一部資産のマイナス金利が影響していると考えられる。普通預金や定期預金の金利がほとんどゼロなら，現金で保有する人も多くなるだろう。

---

[3]マネーストック統計の連続性を確保するために，M3と同じような内容ながら，ゆうちょ銀行分を除くなどしたマネーストックM2も公表されており，表5－1の時点で1007.2兆円であった。

78

図5−1　マネーストックM3の推移と現金の割合

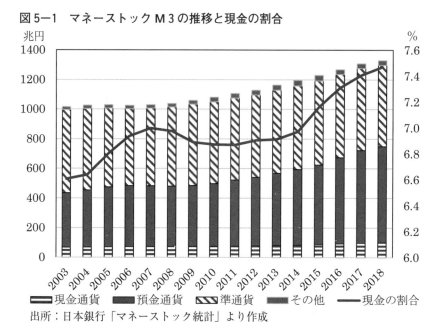

出所：日本銀行「マネーストック統計」より作成

3. 国内決済システム

(1) 支払いと決済

　現金で買い物をするとき，買い物で生じた支払い義務（債務）を，現金を渡すことで解消している。こうして支払いを完了させることを決済と呼ぶ。では，遠方からの買い物の支払いを送金（現金書留）で行った場合はどうだろうか。現金を書留封筒に入れ郵便局で手続きした段階では支払いは終わっていない。相手方が配達員から受け取って押印した時点でようやく，支払いが完了し決済されるのである。

　預金による支払いの場合は，いつ決済されるのだろうか。図5−2は，支払人Xが取引先銀行Aを使ってB銀行に口座をもつ受取人Yに支払

いを行う場合の資金の動きを示したものである。このような銀行による支払い代行が4章で銀行固有業務の1つとして紹介された為替である[4]。国内向けを内国為替，外国向けを外国為替と言う。

　スタートはXが銀行Aの窓口やATMで振込の手続き（支払指図）を行うことであり（①），Xの口座からは振込金額が引き落とされる（②）。その金額が銀行BにあるYの預金口座に振り込まれれば支払いが終わったとみなすことができる（③④）。しかしそのためには銀行AからBに資金が移動する必要がある。それを仲立ちしているのが，全銀システムと日銀ネットであり（⑤⑥），最終的には日本銀行当座預金（日銀当座預金）の口座振替が行われて，支払いが完了する（⑦）。

図5-2　全国銀行内国為替制度による支払・決済

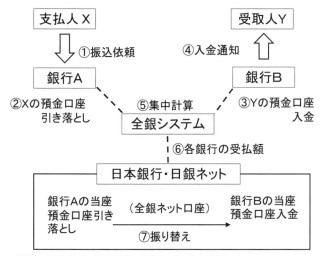

出所：日本銀行金融研究所（2011）より作成

---

[4] 為替の定義は，地理的に離れた地域の間で，債権債務の決済または資金の移動を，現金を直接輸送することなしに金融機関の仲介によって行うことである。

(2)　全銀システムと日銀ネット

　各銀行から各銀行への支払い（各銀行の各銀行からの受け取り）の情報を収集して集中計算を行っているのが全銀システムである。これは全国銀行資金決済ネットワーク[5]が運営している一般社団法人の形態をとる組織である。あくまでも情報の集約・計算をする組織であり，資金移動そのものを行うわけではないことに注意されたい。

　実際に資金の受け渡しが行われるのは日本銀行においてである。全銀システムからの情報は日銀ネットに伝えられ，A 銀行の日銀当座預金から該当金額が引き落とされて，B 銀行の日銀当座預金に振り替えられる。それが受取人 Y の預金口座に振り込みが行われる裏付けとなる。ATM で支払が指示されてから日銀当座預金の振り替えが行われるまで，わずかでも時間差がある。それまでに，個別銀行，全銀システム，日銀ネットのいずれかの段階でシステムダウンがあると，決済に至らない。支払人 X は支払い payment が終わったつもりになっていても，決済 settlement されてない場合が考えられるのである[6]。

(3)　システミック・リスクと RTGS 化

　前項の内国為替の例を現実経済に近づけると，A 銀行から B 銀行への支払いを指示するのは X だけではなく他にも多い。逆に B 銀行から A 銀行への支払いを指示する顧客も多数いるだろう。図 5−3 に示した全銀システムの資料では，内国為替の取扱いは年間 18 億件 3000 兆円，

---

[5] http：//www.zengin-net.jp/
[6] 日本で法的に定められた決済手段（支払い完了性（＝ファイナリティ）のあるもの）は，現金と日銀当座預金口座振替だけである。日本銀行金融研究所（2011）第 4 章。そして現金と日銀当座預金の合計はマネタリーベースと呼ばれ，中央銀行の金融政策において重要な政策指標である。

大まかに 300 日で割って換算すると 1 日あたり 600 万件 10 兆円にも達する。それほど無数で巨額の支払いがシステム参加者の間で双方向に行われ，瞬く間に支払いリストが追加され情報が積み上がっている。そのとき，どのような情報処理をして決済につなげるかという点で，大きく 2 つの方式がある。一件ごとに処理をしていくグロス決済と，ある程度支払いリストが積み上がるまで待って，A から B への支払いと B から A への支払いを見比べて差額を計算し，差額部分（収支尻と呼ぶ）だけ必要な方向に支払いをするネット決済である。

　まずグロス決済で最も問題になるのは，支払い回数の多さ，煩雑さとそれにかかるコストである。一回の取引ごとに書類作り，キーボード入力，チェックなどを行っていては，人的負担やシステム負担は高くなる。そのため，長らく多くの取引でネット決済が採用されてきた。ある

図 5－3　全銀システムを通した内国為替取扱件数と金額

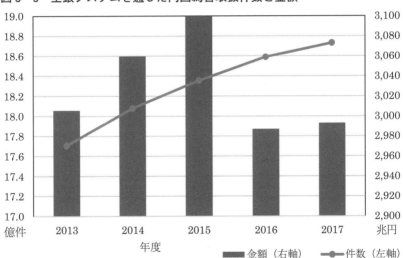

出所：全国銀行資金決済ネットワーク（全銀ネット）HP より作成

時間まで支払いリストが蓄積され，決められた時点で決済される「時点ネット」決済である。

　たとえば金額が小口の内国為替は，午後4時15分の時点で日銀当座預金が振り替えられ決済される。その日の朝からの支払い指示だけでなく，前日残りの支払いも蓄積されている（図5-4①）。各銀行間の支払いを集計し収支尻を決済につなげるのが全銀ネットであり，このような役割を果たす組織を清算機関（クリアリングハウス）と呼ぶ。グロス決済にくらべ収支尻だけの資金しか動かないため決済金額が節約できることもネット決済の利点である。

　ところが，一定時点まで支払いをため込むことで増大するリスクがあ

図5-4　時点ネットとRTGSの比較

①時点ネット決済による決済の仕組み（例：決済時点17時）

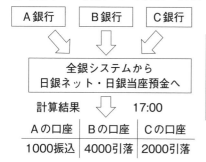

17時時点での受払額	A銀行	B銀行	C銀行
受取総額	6000	3000	4000
支払総額	5000	7000	6000
受払差額（収支尻）	+1000	−4000	−2000

②RTGSによる決済の仕組み

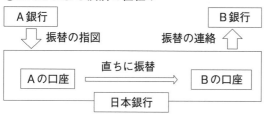

出所：日本銀行金融研究所（2011）より作成

る。もしその間にある銀行の破綻やシステムダウンが生じると，その銀行から他行への支払いが実行できなくなる危険性がある。それぞれの銀行がかかえる決済リスクが，時点決済では大きくなってしまうのである。破綻銀行からの支払いが受けられなくなると，相手先銀行も資金不足になり破綻するかもしれない。そうするとまた次の銀行の資金不足へと連鎖的に銀行破綻が生じ，金融システム全体の危機につながる可能性がある。これをシステミック・リスクと呼び，銀行間の取引関係が深く広くなるほどに，このリスクが高まる。

　そのため，決済は即時にグロスで行う RTGS（Real Time Gross Settlement）に移行しつつある（図 5 - 4 ②）。たとえば内国為替の場合，全体の 7 割を占める 1 件 1 億円以上の大口決済が小口とは別扱いになり RTGS 化されている。

(4)　証券売買の決済システム

　前項までは，財やサービスを購入したときの決済を念頭にその仕組みを解説してきた。現金であれば購入と同時に決済されるが，預金を用いた場合は全銀システムや日銀当座預金が関わり，時間差があるためそれをなくす方向にあることが説明された。

　株式や国債を購入したときはどのように決済されるのだろうか。株式は証券会社に発注し，東京証券取引所などにつないで購入される。株式の現物が渡されるわけでなく，今や電子情報として所有権が移転するだけである。また，すぐに自分のものになるわけでなく，国債の場合で次の日まで待たなければならない。どのタイミングで，どこを通じて支払い・決済が行われるのだろうか。

　取引所を通じた場合は日本証券クリアリング機構という清算機関に情報が集約される。それが証券保管振替機構（ほふり）に連絡され，株式

の所有者が移転される。所有権の移転と「同時に」支払・決済が実行され，この仕組みを DVP（Delivery vs. Payment）と呼んでいる。支払は届け出ておいた株式購入者の預金口座から引き落とされ，販売者の預金口座に降り込まれる。それは日銀ネットにつながれ，それぞれの取引先銀行の日銀当座預金の振り替えが行われる。

4. 国際決済システム

(1) 外国為替とは

　異なる通貨の間で，債権債務の決済または資金の移動を，現金を直接輸送することなしに金融機関の仲介によって行うことが外国為替である。グローバル社会では，個人も事業会社も，様々な用途で異なる通貨の支払いや受け取りをする機会が広がっている。たとえばわれわれが海外旅行のために円をドルに両替することを銀行に依頼するのもドル為替の一種である。また，日本の会社から自動車を輸入したアメリカの販売代理店が，取引先銀行に対してドルを円に交換して支払うよう指示をするのも，外国為替である。

　いろいろな企業や個人から無数の外国為替が日々発行され，円をドルに替える支払いが多ければドルへの需要が増え円の供給が増える。ドルを円に替える支払いが多ければ円への需要が増えドルの供給が増える。こうして円ドル交換の行われるところが外国為替市場であり，そこで需要と供給に応じて決まる交換比率が為替レートである。

(2) コルレス銀行

　支払・決済の仕組みは，各国で歴史を経て形成されてきた独自のシステムである。経済活動を支える重要な社会的インフラであるから，厳格

な法規制にしばられている。それでも，国境を越えたグローバルな経済活動を行うようになると，国際的な支払・決済の道筋が確保されていなければ，輸出入貿易も，外国の株式や債券を買うような金融取引も，行うことは出来ない。

　歴史を振り返ると，異なる貨幣や支払・決済システムをもつ国の間で，大昔から貿易は行われてきた。すべての国が金本位制で金貨や兌換紙幣が支払・決済の中心的な手段の国同士であれば，最終的には金のやりとりで決済することができる。しかし金本位制は終わり，不換紙幣と銀行預金がどの国でも支払・決済の中心になると，銀行に依頼する外国為替による国際決済が行われるようになった。

　重要な役割を果たしているのが，提携契約（コルレス契約）を結んだ外国の提携先銀行，すなわちコルレス銀行である。多くの場合，互いに相手行に預金口座を設けて資金の受け払いを行うなどして，相手行の外国における取引を代行する。たとえば日本企業が輸出した代金が，米国のコルレス銀行にある日本の銀行のドル口座に振り込まれ，相当する代金を日本の銀行が日本の輸出業者に支払うようなやり方である。

　ところが，外国間では時差があること，米国での入金をすぐには確認できないこと，両国の決済システムが異なることなどによって，国際決済には国内以上の決済リスクがつきまとう。それが現実となったのが，1974 年の西ドイツヘルシュタット銀行の破綻と，それによって提携先の米銀が被害を受けた事件であった。米銀では必要な支払を済ませていたのに，ヘルシュタット銀行から相当する額を受け取ることが出来なかったのである。国際決済におけるこのようなリスクをヘルシュタット・リスクと呼び，その後国際決済システムが改善されたにもかかわらず，1991 年にもルクセンブルクの BCCI 銀行の破綻によって，日本の銀行が被害を受ける事件が発生した。

(3) SWIFT と外国為替円決済制度

　国際決済リスクを問題視する各国の中央銀行が協議して，国際金融取引の標準化，効率化，安定化を目的に作られたのが SWIFT（Society for Worldwide Interbank Financial Telecommunication；国際銀行間通信協定）である。民間金融機関等の協同組合形式で作られた団体で，海外送金，銀行間振替，証券関連取引，貿易取引など各種取引にともなう国際的な金融データ通信サービスを顧客に提供している[7]。

　SWIFT からの金融情報は各国コルレス銀行等に連絡され，それにともなう国内決済に各国の中央銀行システムが連動するようになった。それを示しているのが図5-5である。米国の支払人 X は米国の銀行 A に日本の受取人 Y に対する支払指図を出し（①），代金は X のドル口座から引き落とされる。送金依頼は A から SWIFT を通じて（②），コルレス先の日本の銀行 B に伝えられ，米国銀行 A の円口座から代金が引き落とされる。受取人 Y の取引銀行 C への支払指図が外為円決済制度を通じ日銀ネットに伝わり（③），日銀当座預金の振り替えが行われ（④），代金が Y の預金口座に振り込まれる（⑤）。すべてを同時に行うことは難しいにしても，各段階の時間差を減らし，国際決済リスクを抱えている時間の短縮化が図られている。

(4) CLS 銀行

　国際決済では，時差のある国で異なる通貨の取引が別々に行われるために，支払ったのに受け取れない事態が生じてきた。それを無くすためには，支払と受取を同時に行う PVP（Payment vs. Payment）決済に

---

[7] 本部はベルギーに置かれ，2018 年時点で 200 以上の国または地域の 11,000 以上の銀行，証券会社，市場関係者，事業法人等にサービスを提供している。http://www.swift.com/jp/

図5－5 外国為替円決済制度

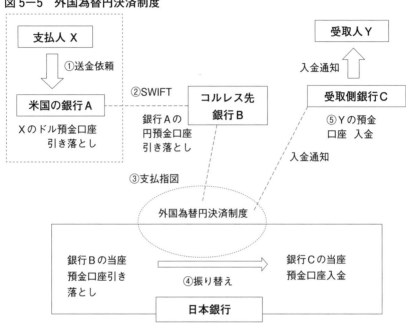

出所：日本銀行金融研究所（2011）より作成

することが最も有効な手段である。

　PVPを実現しようと2002年に設立されたのがCLS銀行（Continuous Linked Settlement Bank）である[8]。各国民間銀行が各国中央銀行経由でCLS銀行に口座を置き，逆にCLS銀行は各国中央銀行に口座を置き，CLS銀行口座を仲立ちとして異なる通貨の同時決済を可能にしている。

---

[8] ニューヨークに本拠を置き，世界の有力銀行が株主となった株式会社である。当初は7通貨（米ドル，ユーロ，日本円，英ポンド，スイスフラン，カナダドル，豪ドル）だった決済通貨が18通貨に増加している。

　たとえば米国の支払人 X が取引銀行 A を通じてニューヨーク連銀にある CLS 銀行の口座にドルを振り込むと，日本銀行にある CLS 銀行の口座から円が引き落とされ，受取人である Y の取引銀行 B の日銀当座預金口座に振り替えられる。これらの取引がすべて同時に行われるのである。

　各国中央銀行も BIS（Bank of International Settlement；国際決済銀行）も CLS 銀行を利用した国際決済を推奨しており，決済金額は増大して世界最大の決済システムとなっている[9]。

　近年では，情報通信技術など新しい技術を取り込んだ新たな形態の金融サービスが生まれている。フィンテックである[10]。国際決済においても国内決済においても，暗号資産，いわゆる仮想通貨を用いた送金・決済の増加を予想する者もいれば，価値変動が大きく貨幣とはなりえないという意見も根強い。フィンテックについては 13 章でとりあげよう。

参考文献

岩村充『貨幣進化論−「成長なき時代」の通貨システム』新潮選書, 2010 年
中島真志『外為決済と CLS 銀行』東洋経済新報社, 2016 年
日本銀行金融研究所『日本銀行の機能と業務』有斐閣, 2011 年

---

[9] 中島（2016）。
[10] 金融（Finance）＋技術（Technology）。

6 | 金融市場の役割

《**目標＆ポイント**》　金融市場は，銀行などの金融機関とならんで，資金移転，リスク移転などの機能を果たす重要な金融システムである。市場の機能をやや理論的に考えたうえで，東京証券取引所の例をあげながら説明する。その後，金融市場中心の金融システムの特徴と問題点をあげよう。
《**キーワード**》　情報の非対称性，価格発見機能，上場，情報開示，不確実性，分散投資

1. 金融市場の基本的な機能

　金融市場では，貸し手と借り手が向かい合い，貨幣と交換に様々な金融商品が売買されている。1章で紹介したように，短期と長期，インターバンクとオープンなどに分類され，運用・調達のニーズに応じた金融市場が用意されている。この章では，株式，債券などを売買する証券市場を念頭におき，金融市場の役割を考えよう。

(1) 証券発行による資金移転とリスク移転

　まず，1章で取り上げた発行市場と流通市場の違いをあらためて確認しておく。企業等が新たな資金調達のために発行した株式や債券を売り払う場が発行市場である。発行された証券が投資家に購入されると，投資家から企業に資金が移転される。

　移転された資金は，事業運営のために必要な，たとえば原材料費や給与の支払い，生産のための光熱費，在庫投資，そして設備投資などに使われ，得られた収益によって，将来配当支払いや元利返済を行うことが

できる。ところが，すべての事業活動において企業は多くのリスクをかかえている。計画通りに生産や流通・販売が進まないリスク，原材料が予定通りの価格や数量で確保できないリスク，労働者の不足や賃上げ要求でコストがかさむリスクなどはほんの一例である。もし企業が資金の活用に失敗すれば，期待されたような資金回収ができなくなる。企業が抱える様々なリスクは，資金提供者に負担されるのである。

証券の発行と購入は，表面的には資金の移転であるが，経済の中心的な牽引力である企業活動が抱えるリスクを，資金提供者に移転することに役立っている。発行された証券が容易に資金に換えられる市場であるほど，つまり流動性が高い市場であるほどリスク移転も容易になる。

(2)　証券流通による投資家間のリスク移転

証券は償還まで同一の投資家が保有するとは限らず，流通市場において他の投資家に転売される。流通市場では，購入した投資家から転売した投資家に証券価格分の転売代金が渡り，元の投資家が負っていたリスクは，証券とともに新たな投資家に移転される。債券のように償還期限がある証券は，最後の保有者が発行者に証券を戻し，資金を回収すれば投資家のリスク負担は解消される。それに比べ株式の場合は，償還期限がないから転々と所有者が移り，転売のたびにリスクも移転される。

流通市場が整備されて転売が容易になるほど，すぐに証券を現金に換えられる流動性が高まり，同時にリスク移転を容易に行うことができる。ただし証券を転売しようとしたとたん価格が低下するような市場であっては，売り手が思ったような資金が得られない。売買をしたときの価格変化のことをマーケット・インパクトと呼び，それが小さい方が流動性の高い市場と言える。

金融市場の基本的な機能は，資金移転，リスク移転，流動性供給であ

る。その時，証券が正当に評価されるかという点が重要になる。本来低
く評価されるべき株式が，不自然に高い価格で発行されたり流通したり
したのでは，投資家は間違った資金提供やリスク負担を行うことにな
る。市場が基本的な機能を果たすためには，公正で透明に，適正な価格
が付けられることが必要である。それも，素早く低コストで価格付けが
行われることが望ましい。

(3)　価格発見・情報公示機能

　金融市場で証券価格が「適正」に決まるとはどういうことだろうか。
第一の条件は，価格に需要と供給が反映されていることである。たとえ
ば株式であれば，投資家が発行企業の将来利益を予想し，利益配当など
の株主権の価値を測って証券を需要するだろう。供給面では，発行市場
では発行企業が，流通市場では既存株主が売り手となって，やはり将来
利益と株主権の価値（発行企業にとっては株式コスト）を測って証券を
供給するだろう。証券価格は需要と供給の背後にあるものを写し取った
「情報の束」なのである[1]。

　第二に，特定の需要者や供給者によって人為的に操作された価格で
あってはならないという条件である。たとえば虚偽情報によってゆがめ
られた価格は適正ではない。多数の需要者と供給者が，公正で透明な情
報によって競争的に売買した結果決まるのが適正な価格である。瞬時に
適正な価格にたどりつく市場が効率的な市場と言えよう。

　ただし，そこに至るまでには，多少の回り道があるかもしれない。た
とえば，ある企業の良い情報を得た投資家が，その企業の株式を多数購
入しようとすれば，株価は上がると予想される。情報を知らなかった投
資家も，価格の動きから，何か需要を押し上げることがあったという情

---

[1] 村瀬（2016）などで，この表現の意味が説明されている。

報を得て，それがきっかけで企業を調べ始めて情報の中身にたどり着くかもしれない。このように，情報の入り方によっては瞬時にではなくても，金融市場で価格が模索され，適正な価格に到達することができる。これを金融市場の価格発見機能と呼ぶ。

　市場で決められた価格は，すぐに情報発信されて市場参加者に共有されることが必要である。参加者がもっている情報をすべて見ることができなくても，価格の水準や変化を通じて，そこに含まれている情報の束が伝達されるのである。これを金融市場の情報公示機能と呼んでいる。

　次節では，東京証券取引所という代表的な金融市場を例にとって，どのように本節で整理した機能を果たしているのか，具体的な業務内容を紹介しながら説明しよう。

2. 証券取引所

(1) 日本の証券取引所

　銀行貸出のような貸し手と借り手が1対1または少数同士で交渉し取引することを相対（あいたい）取引という。個別性が高く，外部者には価格などの取引条件さえ見えにくい。それに対して多数の貸し手と多数の借り手が平等な条件で参加し，標準化された約束証書の売買を通じて競争的に価格が決まるような取引の仕方を市場取引という。市場取引を実行する代表的な「場」が証券取引所である。

　証券取引所は公共性の高い経済インフラであり，開業には内閣総理大臣の免許を要し，開業後も強い監視のもとにおかれている。第二次世界大戦後の日本では取引所集中主義がとられ，顧客から受けた売買注文は取引所に集中することが義務づけられていた。取引をする場が複数あるよりも，集中させた方が市場の流動性が高く，効率的に公正な共通価格

表6−1　上場株式売買代金と構成比
（2016 年）

取引所	売買金額(100万円)	構　成　比
東京	691,102,578	99.978%
名古屋	82,877	0.012%
福岡	17,209	0.002%
札幌	51,288	0.007%
合計	691,253,953	100%

出所：『図説 日本の証券市場(2018年版)』より作成（日本証券経済研究所, 2018年：p.49）元データは日本取引所グループ

がつけられると考えられたからである。1998年に集中義務は廃止されたが，情報通信技術が発達した現代では，集中しなくとも流動性を保ち適正で公正な価格がつけられるようになったからだと考えられる。

　現在表6-1に示した4取引所に，ジャスダックを加えた5つの証券取引所がある[2]。このうち東京証券取引所（東証）が，株式売買代金でみてほとんど100%に近い比率を占め圧倒的に大きい。東京と大阪が2013年に日本取引所グループとして統合されたためである。なおジャスダックは，後述するように店頭取引（取引所外）として始まったが，2004年に取引所とみなされるようになった。

(2)　証券取引所の機能[3]
①売買等の「場」の提供

　証券取引所の根源的な機能は，証券を売買する「場」を提供すること

[2] 第二次世界大戦後に設立された証券取引所は，東京，大阪，名古屋，京都，神戸，広島，福岡，新潟，札幌の計9取引所であった。
[3] この項(2)は，日本取引所のホームページ，および日本証券経済研究所 (2018) 第10章を参考にしている。

である。株式などの買い手からの注文と売り手からの注文を集めて，競争的に価格を決め，取引を成立させている。別の言い方をすると，借り手自身や貸し手自身が相手を探し交渉しなくても，取引所にまかせれば資金を調達し運用するチャンスを得ることができる。

企業は必要な資金を調達する手段として，銀行などから借りる以外に，株式などの証券を活用することが，この場を使ってできるようになる。投資家は，預金などによる運用以外に，株式や債券での運用という手段を得ることができる。しかも，取引を集中することで大量売買ができ，取引あたりの費用を軽減することができる。すぐに売買し換金することができれば，証券の流動性も高まる。

②売買等の管理

売買ルールを定め，公正な取引，適正な価格付けが行われるように管理することも取引所の機能である。特に，証券価格を意識的，人為的に操作を変動させ，それが自然な需給バランスで生じたように見せかけて自己利益を得ようとする相場操縦取引や，内部取引（インサイダー取引）を未然に防止することが大きな関心事である。

取引所では，相場操縦取引やインサイダー取引が行われていないか，価格や売買高が急激に変動した銘柄，株券等に買い集めの動きが見られる銘柄，売買をあおるような風説が流布された銘柄等に注目して，その売買動向等がチェック（リアルタイム監視）されている。問題がありそうな場合は「調査」してふるいにかけ，問題があれば「審査」し必要に応じて取引参加者への実地考査を行う。さらに法令違反が疑われる取引については，金融庁証券取引等監視委員会に報告し適宜処分される。

③有価証券の上場

証券取引所で取引される金融商品は，「有価証券上場規程」に定められた審査基準を満たす厳選されたものであり，事前審査を経て「上場」

される[4]。東証の内国普通株式の場合は市場第一部と第二部に分かれ，通常はまず二部に上場が認められ，その後一部基準を満たせば，一部に上場が認められる。2018 年 8 月現在で，一部上場が約 2100 社，二部上場が約 510 社となっている。

上場審査基準には形式要件と実質要件があり，形式要件を満たしたも

表6-2　東京証券取引所市場第二部の上場基準の一部概要

形式要件	純資産の額	10 億円以上
	利益の額	2 年間の総額が 5 億円以上
	株主数	800 人以上
	流通株式	a 流通株式数：4000 単位以上 b 流通株式時価総額：10 億円以上 c 流通株式比率：上場株券等の 30% 以上
	時価総額	20 億円以上
	事業継続年数	3 年前以前から取締役会を設置して事業継続
	財務諸表	最近 2 年間「虚偽記載」なし
	監査意見	最近 2 年間「無限定適正」または「限定付適正」最近 1 年間「無限定適正」
	その他	（略）
実質要件	継続的に事業を営み，かつ，安定的な収益基盤を有していること	
	事業を公正かつ忠実に遂行していること	
	コーポレート・ガバナンス及び内部管理態勢が適切に整備され，機能していること	
	企業内容等の開示を適正に行うことができる状況にあること	
	その他公益または投資者保護の観点から当取引所が必要と認める事項	

出所：表 6-1 に同じ（p.165）

[4] 株式だけでなく，債券やデリバティブにも上場審査基準が設けられている。

のが実質要件の審査にかけられる（表6-2）。形式要件には，たとえば
株式の流動性と公正な価格形成の確保という観点から，株主数，時価総
額，流通している株式数・時価総額があげられている。また上場の適格
性を保つために事業継続年数，純資産，利益が，企業内容の開示を適正
に行うために財務諸表，監査意見などの基準が，定められている。

　一方，実質要件の項目としては，企業の継続性および収益性，企業経
営の健全性，企業のコーポレート・ガバナンス及び内部管理体制の有効
性，企業内容等の開示の適正性，その他公益または投資者保護の観点か
ら，取引所が必要と認める事項などが挙げられており，形式要件でも求
められた数値，書類などに加えてヒアリングが重視されている。

④上場証券の管理

　上場されたあとも，上場証券は規則に基づいて管理されている。第一
に，上場企業には正確・迅速・公平な情報開示が求められる。定期的に
公表される決算情報や有価証券報告書だけでなく，投資家の投資判断に
影響を与える重要な会社情報が適時・適切に開示されることが，公正な
価格形成が行われる健全な市場を保つために重要である。

　第二に，上場企業は東証が定めた「企業行動規範」を遵守することが
求められている。遵守すべき事項と望まれる事項に分かれ，前者に違反
すると何らかの措置が適用される。前者にはインサイダー取引禁止や反
社会勢力の排除，コーポレート・ガバナンス・コードの実施（実施しな
い場合は理由説明）などがある。

　第三に，上場市場区分の変更が行われることがある。現在の第一部，
第二部の区分は，上場株式等の流通性の程度による区分と位置づけら
れ，二部銘柄が一部になるための一部指定基準，一部銘柄が二部に変更
されるための指定替え基準が定められている。

　第四に，上場廃止にいたる場合があり，「有価証券上場規程」の中に

上場廃止基準が定められている。流通株式や株主数の減少，債務超過，破産，虚偽記載，などである。東証では，上場廃止基準のいずれかに「該当するおそれがある」場合に監理銘柄に指定され，その旨が投資家に周知される。廃止基準に「該当した」場合には整理銘柄に指定され，周知のあと一定期間取引後上場廃止される。

⑤取引参加者の管理

　証券取引所における公正で透明な取引を保証するために，取引に参加できるのは，取引資格の取得を申請し承認を受けた金融商品取引業者（証券会社），取引所取引許可業者および登録金融機関（銀行等）に限られている。たとえば東証にある各種の市場で取引ができる証券会社等は，総合取引参加者と呼ばれ，2018 年で約 90 社である。

　取引参加者となるためには，まず形式基準として資本金（3 億円以上），純財産，自己資本などの財務基盤と安定した収益性が求められ，実質基準として健全経営体制，取引の受注・執行・受渡体制，内部管理態勢などが審査される。そして取引参加が認められると入会金（総合取引参加者の場合 1 億円），預託金などを納め，さらに取り引きをすると基本料や，売買代金に応じた取引料などを支払わねばならない。

　取引参加者は，入会後も健全経営を保っているか監視される。財務会計情報などに基づくオフサイト・モニタリングだけでなく，必要に応じて考査（オンサイト・モニタリング）が実施され，問題が生じた場合は処分に至ることもある。たとえば自己資本比率が基準を下回るなど財務基盤に問題が生じた場合，市場における取引の実施や内部管理態勢において法令規則を違反または違反のおそれがある場合などである。問題の深刻さに応じて，戒告，過怠金賦課，売買等の停止・制限，取引資格の取消などの処分が課されることもある。

⑥自主規制法人による管理・監督[5]

⑤の取引資格審査や③④の上場審査・管理などをはじめ，ここで示した取引所の機能は，証券市場が公正・透明に価格発見・公示機能を果たし，適正な評価に基づく資金移転，リスク移転を果たすために不可欠なものである。そしてそのための情報収集や判断を下すのが，日本取引所においては，グループの1社である自主規制法人である。

2007年に施行された「金融商品取引法（金商法）」は，旧「証券取引法」などの関係法を横断的に統合・改正した重要な法律である。金商法では，情報開示制度の充実，不公正取引規制の厳格化など，証券取引の規制と監視が強化されており，そのひとつとして，取引所の自主規制組織の独立が促された。利益をあげるべき株式会社としての取引所と，高い公共性を求められる金融インフラとしての取引所との間で，利益相反が心配されたからであり，後者の機能の適正運営のために日本取引所では独立した自主規制法人が設立されたのである。

(3)　新しい証券市場

戦後ずっと取引所集中主義だった日本の証券市場も，1998年に集中義務が廃止された。取引所以外の証券市場の代表が店頭取引（OTC Over the Counter）であった。証券会社の店頭で受けた顧客注文を，取引所につなぐのではなく証券会社間のネットワークで処理する仕組である。取引所上場に至らない企業の株式でも，1963年にスタートした「店頭登録」制度によって，全国の投資家が売買することが可能であった。日本証券業協会が管理運営し，取引所の機能補完と位置づけられていた。

---

[5] 独立した自主規制法人が主体となって公正な取引を確保していたとしても，証券取引所全体で機能していることから，この項（2）は自主規制法人だけではなく，証券取引所の機能，と題している。

　しかしその後，情報通信技術の発達を受け，1998 年の金融制度改革法（通称金融ビッグバン）などの制度改革があり，店頭取引も物理的な「場」を定めた取引所取引と遜色のない市場機能をもつとみなされるようになった。2004 年には店頭取引であったジャスダックが証券取引「所」と位置づけられ，2010 年には米国ナスダックをならって作られた大証ヘラクレスも新ジャスダックに統合された。現在では日本取引所グループに入り東証の管理下にある。

　1998 年から認められた取引所外取引が PTS（proprietary trading system）である。これは証券業者による私設市場であり，電子情報処理技術を利用して投資家の注文を受け，需要と供給に応じて価格付けを行い，取引を成立させる業務である。技術の発達により私企業でも市場機能を提供することが可能になったとはいえ，業務の専門性は高く，高度のリスク管理が必要なことから，PTS も内閣総理大臣の認可を必要とする。取引所の取引規模に比べればまだ小さいが，取引所外取引のかな

表 6-3　PTS の取引状況（単位：10 億円）

年度	取引所内取引(A)	取引所外取引(B)	合計(A)＋(B)	PTS取引(C)	取引所外取引に占めるPTS取引(C/B)	合計に占めるPTS取引(C/(A＋B))
2008	521,095	36,357	557,452	2,073	5.7%	0.4%
2009	395,501	24,484	419,984	3,090	12.6%	0.7%
2010	397,577	24,801	422,378	4,937	19.9%	1.2%
2011	335,080	32,299	367,379	15,203	47.1%	4.1%
2012	382,653	36,328	418,981	21,247	58.5%	5.1%
2013	722,202	72,361	794,563	44,004	60.8%	5.5%
2014	655,514	72,505	728,019	36,177	49.9%	5.0%
2015	755,464	86,191	841,655	38,381	44.5%	4.6%
2016	671,447	83,932	755,379	30,967	36.9%	4.1%

　出所：表 6-1 に同じ（p.217）

りの部分を占めるほど増加している（表6-3）

　以上のように，取引所，店頭市場，PTS その他の取引所外市場が並存し，投資家はどの市場で証券を売買すればよいのか，企業はどの市場で証券を発行すればよいのかを見比べている[6]。国内だけでなく海外の証券市場も比較対象として視野に入っているだろう。公正な株価形成が行われ安価に効率的に売買や発行が行われることが，証券市場の魅力として顧客を引きつけるとすれば，このような市場間の競争によって公正な価格形成と効率的な売買が促されると期待されている。

3. 金融市場中心の金融システムの特徴と問題点

(1)　市場はいかにして金融取引の困難を緩和できるか

　1章で述べたように，金融システムは，①取引費用を下げ，②不確実性，③情報の非対称性，④契約の不完備性，に対処することによって，金融取引を円滑に行わせる役割を担っている。4章で取り上げた銀行の場合は，①から④までのすべてについて，銀行の関与が大きかった。証券取引所を代表とする金融市場ではどうだろうか。

　前節で明らかになったように，取引所という「場」を提供することで取引費用は下げられている。相手を探す必要はなく，価格交渉や履行の手続きも整備されている。株式や債券など，取り扱う商品が標準化され，個別性の高い特別な金融取引を行うわけでもない。それでいて多様なメニューが用意され，売買単位や満期などの選択肢があり，貸し手借り手のニーズに対応している。

---

[6] その他，地域にある中小企業にも株式による資金調達手段を広げることに貢献した店頭取引であるグリーンシート制度があったが，株式投資型クラウドファンディングと株主コミュニティ制度に引き継がれることになった。

　不確実性や情報の非対称性には，「上場」という仕組みが大きな意味をもっている。株式を発行する借り手企業は，すでに品質検査を受けたところばかりであり，投資家はある程度の安心感をもって投資することができる。これは銀行による情報生産でいえば，貸出の事前審査にあたる。上場後も発行企業は情報開示や企業行動規範を守ることが求められる。銀行貸出における途中監視である。そして問題があれば上場市場区分の変更や上場廃止などの処分がとられることもあり，事後監査もなされていると見ることができる。

　ただし，取引所などの金融市場が単独で役割を果たしているわけではない。取引参加者，発行企業，そして投資家自身も協力しなければ金融取引の障害を緩和することはできないのである。

(2)　金融市場機能への協力者
ⅰ．取引参加者による情報生産

　金融商品取引業者（証券会社）については，1 章で業務名だけ紹介した。証券の在庫を保有して，顧客からの売買注文に応じたり証券会社自身が売買したりするディーリング，顧客からの注文を取引所などにとりついで委託された売買を行うブローキングがまずあげられ，流通市場での売買のつなぎ役や促進役となっている。次に，証券の発行において，証券市場の情報を集め発行条件の助言を行い，場合によっては発行証券の売れ残りを引き受けるアンダーライティング，発行者や引受証券会社からの委託を受けて一般投資家に販売するセリングがあり，証券発行の手助けをしている。

　これらはいずれも，証券の発行・流通を促す公共性の高い業務であるため，証券会社は登録制であり，金融商品取引法をはじめ関係法令の厳格な規制下にある。前節で述べたように，取引所では「取引参加者」と

して管理されており，相場操縦やインサイダー取引のないように監視され法令規則遵守が義務づけられている。

　また，証券会社による情報生産は取引所などの市場による情報生産を補完するものとなっている。たとえば企業が上場をするときには，準備段階から情報提供や助言を行い，滞りなく上場できるように支援している。投資家に対しても個別企業や産業，経済などの情報提供を行い，資産運用の助言を行っている。さらに，上場廃止等の不調になった企業に対しては，銀行等とも協力して，再生やM&Aによって，できる限り価値の高まる処理の仕方を考える。銀行貸出における事後の情報生産の役割も担うのである。

ⅱ．証券発行者からの情報生産

　資金調達のために証券を発行した企業には，公正で透明な情報開示が求められる。銀行貸出の場合には，情報は銀行にさえ伝えればよく，元々の資金提供者である預金者を意識することはないだろう。それに対して証券市場の場合は，幅広く不特定多数の投資家に向けて情報生産をしなければならないのである。それは証券を発行した企業だけに課せられた義務というよりも，証券取引所や取引参加者も共同責任を負った情報開示義務なのである。

ⅲ．投資家自身の情報生産とリスク負担

　最終的な貸し手である投資家にも，自ら借り手を調べ判断する能力が求められる。銀行預金とは異なり，価格変動リスクや信用リスクを自己責任で負わねばならないのであるから，上場され一定品質を保証された銘柄でも安心することはできない。開示情報はもちろん，自ら情報を収集し分析して投資判断に役立てねばならない。

　また，将来の不確実性に対しては，銀行が行うような分散投資を，投資家自らが行う必要がある。金融市場ではリスク分散ができるだけのメ

ニューが用意されており，それを活用することが投資家には求められる。銀行が仲介する場合に比べて，自身が情報生産しリスクを負う代わりに，成功したときには銀行預金よりも高い利益が期待される。

(3)　金融市場を中心とした金融取引の特徴

　以上見てきたように，金融市場を通した金融取引においては，金融市場のインフラ機能，専門機関（証券会社等）の機能，投資家の情報生産やリスク負担などが合体して金融取引の困難を緩和していると考えられる。情報の非対称性をやわらげるために，市場という場も借り手も貸し手も，ともに情報生産する仕組みとなっている。そのような役割分担が金融市場の強みであり，それが役割「分散」となったときには逆に弱みとなる。

　たとえば，いくら情報開示が徹底されていても，投資家の情報収集・分析・判断の能力が不足していては，資金が必要なところに流れない可能性がある。個人では適切な資産選択によってリスク分散を行うことも限界があるだろう。

　コーポレート・ガバナンスの面でも，金融市場からは企業経営への規律付けが効果的になされないおそれがある。というのも，小口で多数の投資家が株主になったとき，コントロール権が分散し，協調しながら株主権を行使することは困難だからである。このことは，金融取引の障害の④契約の不完備性への対処という点でも金融市場に弱さがあることを意味している。銀行貸出における再交渉のような見直しが，標準化された金融商品で多数の資金提供者が関わる金融市場では，実行しがたいからである。

　金融市場において最も重要なのは，価格メカニズムの活用である。市場取引の公正，効率性を保ち，適正な価格に基づいて資金移転やリスク

移転が行われることが金融市場の有効性を保つ。相対取引で価格情報が外部には分かりづらく，価格メカニズムによる競争が活用されにくい銀行貸出に比べて最も大きな違いである。

ところが，金融市場はときに不安定になり，適正な価格付けがなされないときもある。典型は8章で紹介されるバブルである。また，取引参加者や投資家が金融市場を信頼していなければ取引は成立しないが，ときに相互不信に陥ることがある。サブプライム問題のような金融危機のときが典型である。

情報通信技術や金融技術の進歩は著しく，金融市場がますます拡大し，グローバル化がもっと進むことは避けられない。問題の発生を防ぎ，問題が生じたときのショックを抑えるためには，金融市場の発達に遅れないように監視や規制の改革をすることが必要になる。バブルやサブプライム問題などを扱った後に，あらためて金融規制の問題を取り上げよう。

参考文献

村瀬英彰『新エコノミクス　金融論　第2版』日本評論社, 2016年

日本証券経済研究所『図説　日本の証券市場　2018年版』HP http://www.jsri.or.jp/index.html

7 日本銀行の役割

《**目標＆ポイント**》 日本銀行は，物価の安定と金融システムの安定を目的に，多くの役割を担っている。主な役割を学んだ後，金融政策の担い手として，どのような政策手段を使い，どのような波及経路で何に政策効果を与えようとしているのかを考察する。

《**キーワード**》 発券銀行，銀行の銀行，政府の銀行，オペレーション，マネタリーベース，コールレート，マネーストック

1. 日本銀行の目的と組織

(1) 中央銀行の必要性

　5章で説明したように，貨幣は交換手段，価値尺度，価値貯蔵という重要な機能を担っている。現金は日本銀行によって発行され，銀行等を通じてわれわれの手に渡り流通する。預金は，4章で説明したように銀行等の貸出，つまり信用創造によって生み出され，一部現金として引き出されても，大部分は預金口座どうしの振替によって貨幣としての機能を果たす。

　もしも貨幣量が生産，消費，投資などの実体経済の活動水準に比べて過大だったり過小だったりすると，不都合が生じる。典型的には多すぎるとインフレが，少なすぎるとデフレが生じることが心配される。そのため，現代経済では大多数の国に中央銀行があり，貨幣量を管理する役割を担っている。

　世界で初めて設立された中央銀行は，1668年スウェーデンのリクスバンクであるとされ，次いで1694年にイングランド銀行が設立されてい

る[1]。日本銀行は1882年（明治15年）の設立であり，世界的に見ても
かなり早い。20世紀に入ると，1913年のアメリカ FRB（Federal Reserve
Board：連邦準備制度理事会）など，世界各国で続々と中央銀行が設立
された。国単位で設立されてきた中央銀行が，複数の国によって1998
年に作られたのがECB（ヨーロッパ中央委銀行）であり，EUの加盟国
の多くがECBにも加盟している。

(2)　日本銀行の発足と設立目的

　日本銀行が設立される以前には，1872年（明治5年）の国立銀行条例
に基づき，民間経営ではあるが紙幣（当初は兌換紙幣，後に不換紙幣も
可）の発行が認められた国立銀行が153行に達していた。それが日本銀
行設立後は猶予期間をおいて国立銀行に紙幣発行が認められなくなり，
日本銀行が唯一の発券銀行となった。それによって，貨幣量・物価・経
済の管理を日本銀行が担うことになった。その一方，国立銀行は普通銀
行となり，預金，貸付，為替を主業務とする民間機関として，金融仲介
機能を高めることが期待されたのである。

　現在の日本銀行法では[2]，表7-1に示されているように，「通貨及び
金融の調節を行うことを目的」「信用秩序の維持に資することを目的」と
し，「物価の安定を図ることを通じて国民経済の健全な発展に資する」
ことを理念としている。金融政策（金融調節）を行うことによって「物
価の安定（貨幣価値の安定）」と「金融システムの安定（信用秩序の維
持）」を目標とし，それによって安定的な経済成長，雇用，国際収支，

[1] ただし，イングランド銀行が唯一の発券銀行となるのは1844年と，ずいぶん後の
ことである。岩村（2010）など参照。
[2] 日本銀行法は，1942年に戦時体制に沿うよう改正され，第二次世界大戦後もそのま
まであったが，1997年（98年施行）に，後述する日本銀行の独立性をはじめとした
改正が行われた。

為替レートなどをともなう経済発展につなげることが，最終的な目標と
されていると理解することができよう。

表7-1　日本銀行法第一条，第二条

> （目的）
> 第一条　日本銀行は，我が国の中央銀行として，銀行券を発行すると
> ともに，通貨及び金融の調節を行うことを目的とする。
> 2　日本銀行は，前項に規定するもののほか，銀行その他の金融機関
> の間で行われる資金決済の円滑の確保を図り，もって信用秩序の維持
> に資することを目的とする。
> （通貨及び金融の調節の理念）
> 第二条　日本銀行は，通貨及び金融の調節を行うに当たっては，物価
> の安定を図ることを通じて国民経済の健全な発展に資することをもっ
> て，その理念とする。

(3)　日本銀行のバランスシートと損益

　表7-2は，日本銀行のバランスシートから主な項目と金額を抜き出
したものである。抜き出した資産にその他資産を加えた資産合計は528
兆円と，日本のGDP（国内総生産）を上回るほどになっている。最大
の資産は国債であり，次が銀行等に対する貸出金，次いで信託と続き，
いずれも利子収入を得られる資産である。その代わりに価格変動リスク
や信用リスクをともなっている。

　それらの資産を購入するための資金源となるのが右側の負債および純
資産であり，最大の項目は，日銀に対する銀行等からの預け金である。た
とえば銀行から国債を購入すると，日銀バランスシートの左側に国債が
記入され，その代金は4章で紹介された日銀当座預金（日銀預金）に振
り込まれる。それが銀行を通した支払・決済で重要な役割を果たすこと
は5章で説明したとおりである。また，銀行が日銀から現金を引き出す

と，日銀預金が取り崩され，銀行券が増加して，家計や企業の支払い手段
として流通する。

表7-2　日本銀行のバランスシート（2018年3月末）

資産		負債および純資産	
貸出金	46兆円	発行銀行券	104兆円
有価証券　国債	448兆円	日銀預金	400兆円
CP，社債等	5兆円	（うち当座預金378兆円）	
信託	20兆円	政府預金	15兆円
外国為替	6兆円	資本金	1億円
その他		準備金・剰余金	4兆円
		その他	

　以上のことから分かるように，日本銀行に限らず，中央銀行のビジネ
スは，無利子で調達した資金で有利子の資産を購入し，利ざやを稼ぐこ
とで成り立っている。無利子調達手段の代表は，日銀預金とそこから引
き出せる日銀券であり，それが発行できる特権による利益であることか
ら，「通貨発行益（seigniorage gain）」と呼ばれている。

　2017年度の値で言えば，利子収入を中心とした経常収益が1兆8千
億円に対し，利子支払いに経費を加えた経常費用は6千億であった。差
額の1兆2千億円が日本銀行の経常利益である。そこに特別損益を加減
し税を差し引いたあとに残るのが当期剰余金であり，2017年度は約7600
億円であった。

　日本銀行は日本銀行法に基づく認可法人であり，資本金1億円のため
に出資証券が発行されたが，その55％は政府に保有されており，残り
の45％も一般に流通することはめったにない。民間企業の株主総会に
あたるものはなく，一般株主が経営に口出しする権利はない。資本金1
億円の5％にあたる500万円が毎年配当されるだけである。当期剰余

金の 5％（2017 年度で約 380 億円）は，法律で決められた法定準備金積立として日本銀行内に留保され，2017 年度には残った部分約 7200 億円が国庫納付金として政府に納められた。

2. 日本銀行の機能

(1) 発券銀行「法貨」

　日本銀行は，わが国唯一の発券銀行として，銀行券を独占的に発行しており，日本銀行券は，「法貨」として日本国内の取引において無制限に通用する。現在 4 種類の紙幣が発行されているが，金や銀の裏付けがない不換紙幣であり，金や銀の保有量に制限されず日本銀行が発行量を管理する管理通貨制度である。金や銀の裏付けもないのに国民が保有し使用するのは，発行者である日本銀行に対する信用があるからであり，日本銀行券はまさに信用貨幣に他ならない。なお，硬貨も日本銀行から銀行等を通じて流通し通用する「法貨」であり信用貨幣であるが[3]，こちらは無制限に通用するわけではない（表 7−3）。

表7−3　通貨・貨幣に関する法律からの抜粋

「日本銀行法」
（日本銀行券の発行）
第四十六条　日本銀行は，銀行券を発行する。
　2　前項の規定により日本銀行が発行する銀行券（以下「日本銀行券」という。）は，法貨として無制限に通用する。
「通貨の単位及び貨幣の発行等に関する法律」
第二条　通貨の額面価格の単位は円とし，その額面価格は一円の整数倍とする。　　　　　［中略］
（法貨としての通用限度）
第七条　貨幣は，額面価格の二十倍までを限り，法貨として通用する。

[3] 5章注2でも触れたように，法的には紙幣が通貨で，硬貨が貨幣なので，用語の混乱には注意されたい。

(2) 銀行の銀行

日本銀行は，中学や高校の社会科教科書にも載っているように「銀行の銀行」と呼ばれている。4章で紹介した民間銀行は，固有業務として預金，貸付，為替の3業務を行っている。日本銀行は，すでに何度か説明したとおり民間銀行等からの預金を預かっており，銀行の銀行と呼ばれるべき1番目の業務を行っている。また，日銀預金を用いて民間銀行の支払・決済が行われており，日本銀行が3番目の業務も行っているとみなすことができる。

日本銀行のバランスシート左側にある貸出金は，銀行等を相手にしたものであり，銀行業務の2番目にあたる。貸出金には手法，対象，目的などによりいくつかの種類がある。多くは有担保の貸付であり，日本銀行が認めた手形や債券などを適格担保として，銀行などが希望する金額を貸し付ける補完貸付制度（ロンバード型貸付）が代表である。それらに適用される利子率は「基準割引率および基準貸付利率」と呼ばれている。

補完貸付制度が採用された2001年以後と以前とでは，日本銀行から民間銀行等に対する貸出金の位置づけが大きく変わった。それ以前は，日本銀行が裁量的に貸出先を決めることができ，銀行間の貸借金利であるコールレートよりも低い金利（公定歩合）で貸し出されていた，優遇貸出と言ってよいものであった。それに対し，それ以後は，担保が適格であれば金融機関からの希望に応じて日本銀行の裁量なく貸し出され，基準貸付利率はコールレートよりも高く設定されている。

日常的な有担保貸付以外に，経営に問題がないにもかかわらず災害や事故などで一時的な資金不足に陥った金融機関に対する貸出もある。また，信用秩序の維持を目的に，内閣総理大臣，財務大臣の要請があれば「日銀特融」と呼ばれる貸出が行われることもあって，日本銀行が「最後の貸し手」として金融システムを保つ拠り所となっている[4]。

---

[4] 特融には厳しい原則が定められているが，金融危機時などに何度か発動されている。事例については，日本銀行HP参照。「信用秩序維持に資するための資金供給」
https://www.boj.or.jp/finsys/msfs/index.htm/

(3)　政府の銀行

　日本国政府は日本銀行に預金口座をもち，政府の経済活動にともなう資金のやりとりは政府預金を用いて行われる。たとえば租税や社会保険料などの収入は，銀行などを通して日本銀行の政府預金に預け入れられる。その一方，公共事業費や年金給付は政府預金からやはり銀行などを通して支払われる。民間銀行の固有業務である預金業務や為替（支払・決済）業務を，日本銀行は政府に対して行っていると言えよう。

　しかし貸付業務については，財政法第5条により，日本銀行が政府に貸し出したり，国債を引き受けたりしてはならないことになっている。その意味で，政府の銀行と呼ばれるには貸付業務が欠けていると言える。ただし，かつての政府短期証券については全額日本銀行が引き受けていたし，今の国庫短期証券についても，公募入札の残額や特別な場合には日本銀行が引き受けている。

表7－4　財政法第五条

> 「財政法」
> 第五条　すべて，公債の発行については，日本銀行にこれを引き受けさせ，又，借入金の借入については，日本銀行からこれを借り入れてはならない。但し，特別の事由がある場合において，国会の議決を経た金額の範囲内では，この限りでない。

　繰り返しになるが，日本銀行が政府から国債を「直接」引き受けることは禁じられている[5]。しかし国債の管理は日本銀行に任されており，国債発行や入札の通知，応募受付，払込金の受入などは日本銀行が行っている。また，国債の登録・振替決済，元利支払なども日本銀行の業務である。

---

[5] 日本銀行が，直接引き受けはしないものの，銀行等から買い入れた国債を相当額保有していることは事実である。他国においても，中央銀行の国債買い入れは金融緩和の常套手段になっている。その意味をどう考えるかについては，15章などで言及する。

その他，国際金融に関連する業務も日本銀行が行っている。国際機関との外為取引や貸借取引，国際取引の情報収集と国際収支統計の作成などである。そして財務大臣の委託を受けて外国為替特別会計の受払を行い，外国為替平衡操作（いわゆる為替介入）を代行している。

3. 金融政策の考え方

(1) 金融政策の決定過程

日本銀行の最高意思決定機関は政策委員会であり，総裁，副総裁2名，審議委員6名の計9名で構成される。通貨及び金融の調節に関する方針を決定するのが彼らによる金融政策決定会合であり，年に8回開催され，2日間をかけて審議されている。そこでは，金融経済情勢についての調査・分析結果や金融政策手段や運営方法に関する研究結果などが示され，様々な材料を活かしながら金融政策方針が決められている。

決定内容はすぐに公表され，総裁が記者会見を開いて詳細を説明している。さらに一定期間をおいて，主な意見・議事要旨が，そして10年後には細かい発言内容を含めた議事録が公開されている。

(2) 金融政策の手段

金融政策の基本的な考え方は，景気の悪化や物価下落に対しては，資金供給を増やして金融を緩和するが，景気の過熱やインフレに対しては資金供給を減らし金融を引き締めるというものである。だが現実にはそれほど単純ではなく，多くのことを考慮しながら決定会合で方針を決めて金融政策を実施している。そのための主な政策手段がオペレーション（金融市場における売買操作）であり，通常，金融緩和の時には買いオペ，金融引き締めの時には売りオペが行われる。

　多様な金融市場が新設され取引が増加していくとともに，オペレーションの対象となる金融市場が，国債，政府短期証券，CP などへと拡大してきた。また，金融緩和をするにしても，金融商品を買い切ることによって資金を供給しっぱなしにするやり方もあれば，あとで売り戻すことを条件に買い取り，一旦資金を供給してもあとで資金を回収するやり方（現先取引）もある。オペレーションだけをとってみても，対象市場ややり方が，ずいぶん多様化しているのである。

　その中で，2006 年に始まった共通担保資金供給オペレーションが，政策手段として多く使われるようになっている。これは，国債，政府短期証券など個々の市場で売買操作して資金を供給するのでなく，あらかじめ適格と認められた証券を，種類を問わず日本銀行に差し出し，それを担保として日銀が銀行などに資金を貸し出す仕組みである。この時の金利は，入札方式によって決められ，自由な競争市場で売買を行うのと同じように市場動向が率直に反映されていた。ところが 2009 年末に固定金利方式が一部導入され，日本銀行の目標金利に誘導するための政策手段という側面ももつようになってきた。

　オペレーション以外の金融政策手段としては，かつて公定歩合操作や準備率操作があった。しかし前者は前節（2）で紹介した補完貸付制度の導入によって変質し，準備率は 1991 年以降日本では変更されていない。なお，日本では使われなくなったこれら政策手段も，多くの国で有力な政策手段であり続けている。金融政策手段は，国により時代により変化するのである。

(3)　政策目標へのアプローチ

　日本銀行の金融政策は，オペレーションを始め銀行など金融機関を対象に実施される。従って日本銀行が直接働きかけることができるのは，

オペレーションで増減する日銀当座預金及びそこから引き出される現金を加えたマネタリーベースであった。あるいはすぐに影響が現れる銀行間市場の金利であるコールレートであった。実際，これらは政策決定会合において数値で示される操作目標あるいは誘導目標である。

ところが，日本銀行が最重視しているとみられるのは物価の安定である。直接日本銀行が物価を操作することはできないから，日本銀行ができることと，最終目標との間には当然距離があった。そのため，どのように金融政策の効果が波及していくのかを理解するために，段階的アプローチと呼ばれる考え方がとられていた。

その特徴は，日銀の政策手段と最終目標との間に，操作目標と中間目標という経済指標をはさむことにある。たとえば日銀がオペレーションによって操作したい目標としては，マネタリーベースとコールレートがまずあげられる。それがたとえば最終目標の物価とどのように関係するのかを考えたとき，ふさわしい中間目標としては何があるだろうか。経済理論から導かれるのはマネーストックや長期金利であった。マネタリーベースが増えれば，銀行は貸出を増やすこと，つまり信用創造によって預金が増え，マネーストックが増えるからである。また，マクロ経済理論によれば，貨幣量が増えると金利が下がり景気が良くなり物価が上がるはずだからである。

しかし，政策手段→操作目標→中間目標→最終目標と単線的に政策効果が波及するという考え方はとられなくなってきた。操作目標を操作できても中間目標に効果は及ばず，中間目標が変えられても最終目標には効果が及ばなかったからである。もし段階的なアプローチが正しければ，政策手段を発動した後，操作目標や中間目標を観察しながら機動的に政策を変更することも期待されたが，適切な中間目標がなければこのような発想はあまり有効ではない。

　金融政策効果の波及経路は複雑で複線的なものであるから，操作目標と最終目標との間はブラックボックスと考えた方がよいのではないか。あらゆる情報を集めて，物価の安定に関係しそうな経済変数を，その都度取捨選択しながら，金融政策の効果をはかり修正するための指標にした方が，実用的だと考えられるようになったのである。確固たる因果関係が明らかでない経済変数でも，物価の動きの説明や予測に役立つのであれば，それを活用して金融政策に役立てようとする姿勢に変わったのである。経済構造が曖昧でも，結果として物価が何で決まるかを数式に表したものを誘導型モデルと言い，このような金融政策の考え方を誘導型アプローチと呼んでいる。

　段階的アプローチにおいて中間目標として適切でないとされたマネーストックも重要な情報を含んだ経済変数である。それ以外にも多種多様な情報変数が採用されており，各種金利，商品価格指標，為替レート，長短金利スプレッドなどが使われている。情報技術や統計処理のハード面，ソフト面の発達により，大量の情報を収集し蓄積することや高度な統計分析を行うことが容易になったことによって，このようなアプローチの採用が促されている。

　経済構造や金融システムが比較的簡素な世界，つまり産業の種類や産業連関が単純で，限られた金融機関や金融市場しかないような世界であれば，段階的アプローチで通用したのかもしれない。しかし，あらゆるものが複雑化し，しかも変化の激しい金融経済になり，グローバル化によって外国からの影響も大きくなると，定型化された構造モデルに依った政策発想では通用しなくなったということだろう。

(4)　様々な波及経路

　誘導型アプローチの考え方に表れているように，日本銀行が比較的操

作しやすいマネタリーベースやコールレートから実体経済に波及する経路は様々に考えられる。金融緩和のケースで列挙していこう。

①金利から企業投資や住宅投資へ

伝統的に最も重視されていた波及経路は，コールレートのような短期金利が下がると，長期金利が下がり，企業の設備投資が増加し景気拡大につながるというものであった。3章で説明した資本コストの低下から投資増加へというルートである。家計についても長期金利が低下すれば住宅投資が増加し，総需要を増加させるだろう。

②金利から資産価格へ

金利が低下すると，多くの場合，株価や地価などの資産価格が上昇する。低金利で借りやすくなったために，これら資産の購入が進むからである。あるいは金利で稼ぐような金融資産の魅力が薄れ，値上がり益の期待できる株式や土地の魅力が増すからである。

資産価格が上昇すると，それを保有する企業は投資に前向きになり，家計は消費を活発化させると考えられる。これを資産効果と呼び，投資や消費が活発になると総需要が増加して景気がよくなり，資産価格がさらに上昇するだろう。反対に，資産価格が下落すると投資や消費が減少し，景気を抑制する方向に働く。資産効果や逆資産効果によって景気の変動は大きくなるのである。

さらに，資産の中でも特に土地は，銀行貸出のような金融取引において担保として重視されてきた。情報の非対称性があって貸し出し困難な場合にも，担保価値が高ければ貸し出しが可能になるのである。反対に，資産価格の下落によって担保価値が下がれば金融取引が滞る。金融取引が土地担保価格に左右されると，景気変動はさらに拡大するだろう。このような考え方はフィナンシャル・アクセラレーターと呼ばれ注目されている。

③マネタリーベースからマネーストックへ

　①と並んで，金融政策の波及経路の王道は，買いオペ等でマネタリーベースが増えると，銀行が貸出を増やす信用創造によって預金が増えマネーストックが増加するというものである。マネーが増えればGDPが増加し物価は上がるはずで，段階的アプローチにおいて中心的な経路であった。しかし，すでに述べたように効果はかなり曖昧で，マネタリーベースが増えてもマネーストックが増えない場合が多く見られる。

④マネタリーベースから銀行貸出のアベイラビリティへ

　③のようなマネーストック全体への影響よりも，銀行貸出という特別な性格をもった資金供給への影響に注目した波及経路である。銀行貸出市場は情報の非対称性が強く，逆選択やモラルハザードが全て解消されることはない。そのため貸出市場は，金利による需給調整が働きにくく，借入を受けられない超過需要が常に残っているような市場ではないかという見方が背景にある。そのような状態を信用割当と呼び，この場合は資金供給が増加して信用割当が減少することで，企業の利用可能な資金（アベイラビリティ）が増え，企業投資などにつながると期待される。

⑤金利から為替レートへ，そして輸出へ

　グローバル化が進んで為替レートが日本経済に与える影響が大きくなると，金融政策が為替レートを通じて波及するルートが重要になってきた。典型的には，金融緩和によって金利が下がると円安になり，円安になると輸出が増え，輸出企業を中心に景気がよくなるというルートである。特にアベノミクスの初期に注目されたルートであるため,15章など後の章で取り上げよう。

（5）　日本銀行の独立性

表7-5　日本銀行の独立性

（日本銀行の自主性の尊重及び透明性の確保）

第三条　日本銀行の通貨及び金融の調節における自主性は，尊重されなければならない。

2　日本銀行は，通貨及び金融の調節に関する意思決定の内容及び過程を国民に明らかにするよう努めなければならない。

（政府との関係）

第四条　日本銀行は，その行う通貨及び金融の調節が経済政策の一環をなすものであることを踏まえ，それが政府の経済政策の基本方針と整合的なものとなるよう，常に政府と連絡を密にし，十分な意思疎通を図らなければならない。

（政府からの出席等）

第十九条　財務大臣又は内閣府設置法（平成11年法律第89号）第19条第2項に規定する経済財政政策担当大臣（経済財政政策担当大臣が置かれていないときは，内閣総理大臣。次項において「経済財政政策担当大臣」という。）は，必要に応じ，金融調節事項を議事とする会議に出席して意見を述べ，又はそれぞれの指名するその職員を当該会議に出席させて意見を述べさせることができる。

2　金融調節事項を議事とする会議に出席した財務大臣又はその指名する財務省の職員及び経済財政政策担当大臣又はその指名する内閣府の職員は，当該会議において，金融調節事項に関する議案を提出し，又は当該会議で議事とされた金融調節事項についての委員会の議決を次回の金融調節事項を議事とする会議まで延期することを求めることができる。

3　前項の規定による議決の延期の求めがあったときは，委員会は，議事の議決の例により，その求めについての採否を決定しなければならない。

　1998年に施行された新「日本銀行法」において改正の眼目とされたのは日本銀行の独立性の明文化であった。表7-5にあるように「自主性は，尊重されなければならない」と明記されたのである。それに合わ

せた責任も強化され，特に「意思決定の内容及び過程を国民に明らか
に」する，すなわち説明責任（アカウンタビリティー）が強まった。そ
の一環として，すでに紹介したように金融政策決定会合の内容は何段階
かにわたって情報開示されることになった。金融政策に関する報告書を
定期的に国会に提出し説明することや，必要な場合には総裁などが国会
への出席を求められることになった。

　いくら独立性が強化されたといっても，日本銀行の金融政策が，財政
政策など政府の経済政策と矛盾するものであってはならない。常に意見
交換をして政府との意思疎通をはかることが必要である。そのため，金
融政策決定会合に，政策委員会メンバーではなくとも政府代表が出席す
ることが認められており，「議決を（中略）延期することを求めること
ができる」ことになっている。

参考文献

岩村充『貨幣進化論－「成長なき時代」の通貨システム』新潮選書,2010 年
鹿野嘉昭『日本の金融制度 （第 3 版)』東洋経済新報社,2013 年
日本銀行金融研究所『日本銀行の機能と業務』有斐閣,2011 年

8 | バブル期における銀行・金融市場・日本銀行

《**目標＆ポイント**》　金融市場では，しばしばバブルが発生する。本章は，日本における代表的なバブルが生じた 1980 年代後半を取り上げ，この時期の銀行，金融市場，日本銀行の動向を振り返り，バブルの背景，原因などを整理する。あわせて，企業や家計の行動もバブルにつながったことも指摘する。
《**キーワード**》　バブル，大恐慌，ファンダメンタルズ，プラザ合意，土地担保融資

1．繰り返されてきたバブル[1]

　バブルとはファンダメンタルズ（経済の基礎的諸条件）で説明できない資産価格の異常な高騰のことであり，株価などの証券価格は，しばしばバブルの発生と崩壊とを繰り返してきた。難しいことに，バブルの渦中にいるときは，それがバブルだとは気づかない。ヘンだと思う人が一部にいても，それを認めないほうが好ましい人々が多いからである。バブルが崩壊して初めて，あれはバブルだったと確認することができる。歴史上有名な以下の例も，バブルの始まりを特定することは難しいが，崩壊の時点はしっかりと記録されている。

(1)　バブルの歴史
①チューリップ熱
　17 世紀のオランダでは，チューリップの球根市場において異常な価

---

[1] 本節は，ガルブレイス（1991）などを参考に書かれた野間（2015）10 章 1 節を一部修正したものである。

格高騰が見られた。16世紀末にトルコから輸入され始めたチューリップがオランダ人に定着し始めていたころ，病気により変わった模様を発する球根の人気をきっかけに，チューリップブームが起きた。最初は球根商人たちの間だけのブームであったが，次第に市場参加者が広がって投機熱が高まり，球根価格が急騰した。それが暴落したのが1637年である。

　当時のオランダは,16世紀からの東インド会社による貿易の成功などにより，世界で最も栄えた国であった。有限責任を特徴とする株式会社が始まったのもこの時期と言われている。植民地貿易のようなハイリスクハイリターンな事業に対して，小口で出資型の資金調達手段が与えられたのである。1602年にはアムステルダム証券取引所が開設され，そこでは多様な金融商品が取引され，信用取引，先物，オプションのような今日的な手法がすでに見られている。

②南海泡沫事件

　17世紀のイギリスは，東インド貿易などによって繁栄した。ただし，18世紀初頭までのあいつぐ戦争で財政赤字が常態化し，国債発行が膨らんだ。それを引き受けるための資金を株式で調達して株式ブームを起こしたのが，南海会社である。

　南海会社は，もともと貿易・奴隷貿易を事業とする特許会社であった。その会社が，国債の中でも信用度が低い流動債を市場から引き取り，代わりに南海会社の株式を渡すことを始めた。引き取った流動債は政府に返され，政府は代わりに長期国債を南海会社に渡し，その利子が南海会社の収益となった。そのような過程で，国債は額面価格で取引されたのに対して株式は時価であったため，南海会社の株価が上がるほど余剰が発生し，さらに南海会社株式の人気が高まった。

　18世紀前半，南海会社をきっかけに株式投資ブームが始まると，南

海会社のまねをして，あやしい事業内容でありながら株式発行で巨額の資金を手に入れて，すぐに消え去る泡沫会社が続出した。そのような根拠のない株式ブームが崩壊したのが1720年であった。これ以降，イギリスでは株式発行基準の厳格化など株式会社制度の見直しが行われ，株式市場は縮小した。ロンドンに証券取引所が設立されたのは1773年であり，アムステルダムより約170年遅れをとった。

③アメリカの大恐慌

1922〜29年のアメリカは「永遠の繁栄」と呼ばれるほどの好況が続いていた。第一次世界大戦で疲弊したヨーロッパに対する輸出が増加し，ドル高で輸入品の価格が低下して消費ブームが起こっていた。自動車の大量生産ラインができあがり，信用販売や割賦販売などの仕組みができて，自動車の購入が急増した。

株式市場は活況となり，信用取引（借金による株式購入）で投機熱があおられ，バブルが発生した。値上がり益目的の転売ゲームに庶民も参加し，1929年9月までの5年間で平均株価は5倍にもなった。

それが崩壊したのが1929年10月24日の「暗黒の木曜日」であり，1週間で株式時価総額が300億ドル（当時の連邦政府予算の10倍）減少し，1932年までには時価総額の82%が消滅してしまった。その後金融危機が発生し，1932,33年頃には，1929年に比べて名目GDPが45%減少し，失業率は25%に達した。

アメリカでは，大恐慌後もバブルの発生と崩壊とみられる現象が何度も発生している。1987年のブラックマンデー，2001年のITバブル崩壊，2008年のリーマンショックなどが代表である。

(2) バブルには共通の現象

これらの事例には，共通の要素が見られる。第一に，いずれもバブル

発生のきっかけにはファンダメンタルズからみた正当な理由があるという点である。オランダの場合は，東インド会社による経済的繁栄と新種の発見のために，チューリップに対する実需があった。イギリスの場合やアメリカの場合も，東インド会社の成功や第一次世界大戦後の「永遠の繁栄」などの好調なファンダメンタルズがあった。

　第二に，新規そうに見えるものが必ず忍び込んでいる点である。新種の球根，有限責任の株式会社という仕組み，信用販売や割賦販売による消費ブーム，信用取引という金融技術などである。チューリップ熱や南海会社のときには，デリバティブ（金融派生商品）さえ，すでに出現していた。

　第三に，バブルが本格化するのは投機的な参加者が増え始めてからである。しかも彼らは，自己資金に借金（レバレジ）で得た資金を上乗せして，市場にインパクトを与えるほど資金を大規模化し，チューリップや株式を購入する。そして価格が上昇したところで転売して値上がり益を得る。

　ただし投機家が参加して転売したとたんに価格が低下するのではバブルにならない。参加者の層が広がり，次から次へと新しい参加者が登場することがバブルの第四の特徴である。いずれの事例でも，本来はチューリップや株式への投資に無縁だった庶民がユーフォリア（陶酔的熱狂）にうかれて売買参加し始めたときバブルは最高潮に達し，まもなく崩壊をむかえている。

(3)　バブルの何が悪いのか

　これらのバブルが，誰にとってどのような意味で問題なのだろうか。6章で学んだ金融市場の社会的役割を思い出しながら整理してみよう。

　まず証券の価格は，消費者にとっては消費と貯蓄の配分や，資産選択

において大切な情報変数であった。本来老後資金のために地道な貯蓄に回すはずであった資金が，バブルにつられて投機に費やされ価値を失ってしまう。企業にとっては，証券の価格が資本コストや企業価値評価を通して投資決定を左右する。株式市場で自社株が異常に高く評価された結果，社会的には不要なプロジェクトが実行されてしまう。いずれもバブルによって資源配分のむだが生じる「市場の失敗」である。

株価の高騰で保有者の資産が増加すると，それが支出の増加に結びつく（資産効果）。家計の場合は消費の，企業の場合は投資のブームを生じ，需要の増加を通して景気を過熱させるだろう。逆にバブルが崩壊したとき，資産価格が急落し消費や投資の異常な縮小につながる（逆資産効果）。バブルの発生と崩壊の過程で，経済が過熱するほどその後の落ち込みも激しくなる。「山高ければ谷深し」で，経済は不安定化するのである。

深い谷に落ち込んだとき，バブル崩壊の後遺症として経済に大きな被害をもたらすのが不良債権である。ほとんどのバブルにおいて借入（レバレジ）が過剰に利用されてバブルが膨らむ。バブルが崩壊したとき，借金返済の裏付けであった資産価値は暴落し，その資産を売却しても返済できない。資金を貸した側は回収できずに倒産するし，返済できない借金が滞ったままでは金融取引も低迷し，いずれ経済危機にもつながる。

2. 日本における 1980 年代バブル

(1) 経過

日本の株式市場では，1985 年頃から 1990 年にかけてバブルが発生し崩壊した。図 8-1 に示したように，ゆるやかに上昇していた日経平均株価が，1985 年から急激に上昇し，1984 年末から 1989 年末までの 5 年間

に，ほぼ 3.5 倍の約 3 万 9 千円に達した。しかし 1990 年初頭に下落し始め[2]，1992 年には最高時の半分以下に落ち込んでしまった。典型的なバブル株価の動きであった。

　そして以下で述べるように，この時の日本でも，きっかけは日本経済のグローバル化というファンダメンタルズであり，金融自由化で生まれた新しい金融手段が関係しており，それらを利用してレバレジによる投機的行動が見られ，そして一般庶民にも株式投資ブームが広がった。バブル前夜とも言える 1970 年代，80 年代前半に何が起きていたのかをたどった後，バブルの原因を 3 節で掘り下げよう。

図 8−1　日経平均株価と公定歩合（1980−94 年）

出所：日経平均株価はサイト『日経平均プロフィル』（日経平均株価©日本経済
　　　新聞社），公定歩合は日本銀行のデータより作成

---

[2] 1980 年代後半のバブルは，株価以上に地価の高騰が異常であった。バブル崩壊の時期は，株価に関しては 1990 年早々であるが，地価に関しては 1991 年の後半か 1992 年初頭とみられる。

(2) 国際収支黒字と資金余剰

　1970年代前半，ドルショック，石油ショックによって世界経済は激変した。中でもその後の日本経済にとって重大だったのは，1973年の変動相場制への移行だった。円ドルの需給によって為替レートが変動し，変動した為替レートが輸出入をはじめとした経済活動に大きな影響を与えるようになったからである。

　ドルを基軸通貨とした固定相場制が停止した大きな理由は，日本やドイツからの輸出が急増し，アメリカの国際収支赤字が増大したことにあった。金流出を避けるためにドルと金との交換を停止すると宣言したのが1971年のニクソンドクトリンであり，その後マルクや円の対ドルレートが見直されたものの，結局変動相場制が選択されたのである。

　変動為替相場のもとでは，日本などの黒字国の通貨は強くなり，輸出が不利になって黒字は縮小するような，国際収支安定化効果が期待されて

図8−2　バブルの時期の国際収支

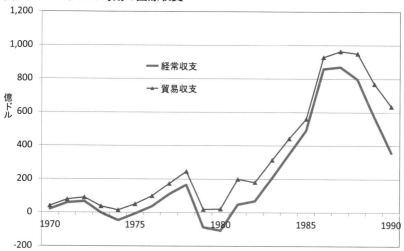

出所：総務省『日本の長期統計系列』をもとに作成

いた。確かに図8-2が示すように，1980年頃までは国際収支黒字は目立たなかったが，1981年からは日本の国際収支黒字額が膨らんでいった。

1970年代後半から80年代にかけて，日本企業は海外輸出を増加させ，自動車など一部産業では米国などへの工場進出を始めていた。ハーバード大学のエズラ・ヴォーゲル教授は『ジャパンアズNO.1』(1979年)において，高度経済成長をなしとげた日本企業の特徴を指摘し高く評価した。そして1980年代には「日本的経営」への関心が高まり，海外の研究者たちの研究対象となった。その一方で，日本からの輸出増加によって職を失った外国人にとっては，日本製品は目の敵にされる。1980年代は日米貿易摩擦の時代でもあり，後述する金融自由化やプラザ合意も摩擦解消のためという側面をもっている。

なお，日本の国際収支黒字は，2章で図2-3として取り上げた「経済主体別資金過不足」において，海外部門が資金不足状態になっていることと対応している。日本の貯蓄を，国内の企業，家計，政府などに貸してもまだ余裕があり，海外に貸すようになったのである。第二次世界大戦後の日本は資金不足状態で，少ない貯蓄をいかにして日本経済を支える基幹産業の投資に回すかが金融システムの大きな課題であった。それが，経済のストック化が進んで，所得を大きく上回る金融資産が蓄積され，日本全体が資金余剰になってきたのである。

(3)　金融自由化

日本においては，第二次世界大戦後から1970年代に至るまで，各種の金利が規制され，金融機関や金融市場に対する監視規制も厳格なものであった。国全体が資金不足で資金の流れを国がコントロールする必要があったからである。しかし日本企業が貿易だけにとどまらず海外での経済活動を拡大させ，外国の金融機関や金融市場を活用するようになる

と，日本だけが規制で縛られた金融システムでいることは難しくなる。

　1975 年からは，特例国債が発行され始め年々その額も増加した。当初は，金融機関によって構成される国債シンジケート団が，大蔵省（当時）と発行条件を相談しながら国債の引き受け手となっていた。国債の価格も利子率も人為的に規制されていたのである。しかし発行額が増加すると，人為的な価格付けに無理が生ずるようになった。発行価格を入札で決め，自由な転売を認めよとの声が大きくなった。当時「2 つのコクサイ化」と言われたように国際化と国債化によって，日本の金融システムを自由化させる機運が高まったのである。

　金利自由化が始まったのは 1979 年の譲渡性預金からであった。最初は発行単位が 3 億円と超大口のものしか認められていなかったが，その後発行単位が引き下げられるなど，預金金利の自由化は徐々に進んでいった。同じ 1979 年には外国為替管理法が改正され，対外資本取引が原則禁止から原則自由に転換した。日本人が外貨預金をすることも，日本企業が海外から借り入れることも自由になったのである。

　証券市場においては，中期国債を組み込んだ投資信託である中国ファンドの開始が 1980 年，銀行による国債窓口販売が解禁されたのが 1981 年，その後銀行による国債売買の認可へと金融自由化が進められた。

　金融自由化のスピードを速めたのは，1984 年の日米円ドル委員会であった。この会議の直接の目的は，日米の貿易不均衡を問題視し，実力よりも低く評価されていた日本円の魅力を増すために，日本の金融市場開放を求めることにあった。会議では，金利自由化の推進や外国金融機関の参入，そして円建ての貸付や債券発行の解禁が求められている。この交渉に現れているように，日米間に限らず，各国が互いの経済システムに関心を持ち，相互に干渉しあう傾向が強まっていた。

　その後の金融自由化により，金融サービスのユーザーである企業に

とって，様々な資金調達手段や資金運用手段が与えられた。たとえば1985 年に大口定期という自由金利預金が認められ，余裕資金の運用先を探していた企業にとって有力な運用手段となった。1987 年に発行が認められたコマーシャルペーパー（CP）は，企業が金融市場から短期資金を調達する手段として利用価値の高いものであった。長期の調達手段である社債は，厳しい基準を満たす大企業にしか認められていなかったが，より多くの企業が利用できるように規制が緩和された。資金の調達と運用という企業財務管理の選択肢が増え自由度が高まり，その巧拙が企業利益にも影響するような環境が与えられたのである。

　銀行にとって，金融自由化が進んだことは大問題であった。預金金利の自由化が始まり，貸出金利も遠からず自由化されると，預貸金利ざやが確保されていた時代とは銀行ビジネスについての考え方を根本的に見直さなければならなくなった。利ざやが確保されているときには，資金量さえ増やせば自動的に利益も増えるから，預金吸収に有利な大都市駅前に支店を出すことが最も重要な経営戦略であった。しかし自由化によって利ざやが縮小し不確かになると，支店で預金集めをすることは重要ではなくなる。さらに，日本企業が証券市場から資金調達できる CPや社債が使いやすくなり，海外から借り入れることも自由になった。日本国内で銀行借入に頼る理由は薄れたのである。いわゆる「銀行離れ」が，特に製造業大企業において始まった。

　そして前章で紹介した日本銀行の金融政策にとっては，新しい金融市場が認可され，各市場で金利（価格）が自由化されると，金融政策手段から最終目標への効果波及経路が，変化・複雑化した。それまで有効とされてきた手段や経路が有効ではなくなり，想定外の経路から意外な効果や副作用が生み出されるようにもなった。

（4） プラザ合意

　バブルのきっかけとなったのもグローバル化からであった。日本の経常収支黒字が定着した 1981 年，アメリカではレーガン大統領による「強いアメリカ」政策が始まっていた。インフレを抑制し，強いドルをもたらす高金利政策がとられ，軍事力を強くするための財政支出が増大し財政赤字がアメリカの金利をさらに高めていた。

　ところが経常収支などの経済ファンダメンタルズからは，高金利政策によるドル高には無理があった。日本やドイツは対米黒字を増大させ，ドル高によって，ますます国際収支不均衡は拡大していたのである。いずれ無理をしたドル高は維持できなくなって，ドルが暴落するのではないかということが，日米欧諸国で心配されていた。ドル暴落が起きれば，ドル資産の価値が暴落し金融機関経営が脅かされ，外貨準備や対外純資産は激減する。貿易や国際金融取引にも支障をきたすことが危惧さ

図 8-3　1980 年代の円ドルレート

出所：日本銀行のデータより作成

れ，急激なドル暴落が突然発生する（ハードランディング）よりも，徐々にドル高を修正するような（ソフトランディング）方法が探られた。

　1985 年 9 月，ニューヨークプラザホテルに G 5（日・米・英・独・仏の先進 5 カ国）が集まり，ドル高是正によってアメリカの極端な国際収支赤字を改善するために，各国が外国為替市場に協調介入することが合意された。これが「プラザ合意」で，アメリカ以外の各国はドル売りと自国通貨買いをいっせいに行った。

　協調介入後の円高の進み方は予想以上に激しく，1985 年のプラザ合意直前に 1 ドル 240 円台だった円ドルレートは，1986 年に入ると 200 円を切り，1 年後には 150 円台になって，1 年で円の価値は 1.6 倍になった。日本製品をアメリカに輸出したときの価格が，日本円をそのままドル換算すると 1.6 倍に値上げして売らなければならなくなったのである。中小の輸出企業の経営は急激に悪化し，倒産企業が 1986 年度に 16,886 件（1993 年『経済白書』第 1 章）に達した。「円高不況」である。

3.　バブルの原因を探る

(1)　プラザ合意後の「超」金融緩和政策

　バブルはいくつかの原因が重なって生じたと考えられるが，まずマクロ的には，プラザ合意とその後の金融政策が，バブルの最大の原因である。「円高不況」に対して日本銀行は，外為市場においてはドル高是正のための円買いを進めていても，他の金融市場においては円を市場に流す金融緩和政策をとり始めた。そのことは，1986 年に入って公定歩合を引き下げ始めたことに見ることができる（図 8-1）。また，7 章で学んだ日本銀行の操作目標であるマネタリーベース増加率も，プラザ合意後一

瞬低下したものの，その後は高めに維持されている（図8-4）[3]。

　1987年2月のルーブル合意で，ドル高是正方針は変更され，日本銀行は全面的な金融緩和政策に転じた。それでも円高の流れが止まらず，「超」のつく金融緩和を押し進めることになった。当時史上最低の2.5％にまで公定歩合は引き下げられ，マネタリーベースは前年比で10％以上増加するようになった。そしてそれによって，銀行が貸出しを増やし信用創造を行い，預金というマネーを増加させる余地が，過剰なほどに広がったのである。前章で述べたとおり，現在ではマネタリーベースを増やしてもマネーストックが増えにくくなっているが，図8-4で確認できるように，当時はマネーストックも素直に増加したのである[4]。

図8-4　バブル前後のマネー増加率

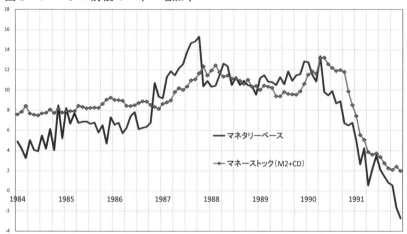

出所：日本銀行のデータより作成

[3] 景気悪化に対するマクロ経済政策として財政政策と金融政策に大別されるが，80年代前半には国債累増を抑制するための財政構造改革が進められており，拡張的な財政政策がとれなかったために，金融政策に過大な金融緩和が求められたという見方もある。

[4] 1987年にはマネーの増加によるインフレ懸念や，異常な地価上昇を危惧する意見が，一部経済学者から経済誌で表明されていた。1988年には政府による『経済白書』でも地価の理論値と現実値の乖離が問題にされていた。

　史上最低の利子率と過剰な貨幣供給が，異常に長い期間にわたって続けられたことが株価および地価の異常な上昇を生み出したというのが，日本銀行にバブルの責任を問う根拠である。ただし，1987年に円高不況からの回復が見られたとき，ちょうどアメリカでブラックマンデーと呼ばれる株価暴落が起きたために，緩和政策を見直すチャンスを逸したとも言われている。外国のバブル崩壊が日本のバブルを本格化させたのである。

(2)　銀行による土地担保貸出

　日本銀行の緩和政策に後押しされて信用創造の余地が拡大したのが民間銀行である。1980年年代，銀行は製造大企業の「銀行離れ」を補うために，中小企業への融資や，不動産・サービス・金融保険などの業種への貸出を増加させた。それまでとは異なる性質をもった企業規模や業種への貸出をするには，審査などの情報生産の内容を大きく変更する必要があった。ただ1980年代にはまだまだ「土地神話」が強く，不動産担保さえ確保すれば，もしもの時でも担保処分をすれば損失をカバーできると信じられていた。地価が上昇すれば担保価値は上がり，もっと貸しやすくなる。そして貸した資金が不動産投資に回りさらに地価が上昇すれば，ますます貸しやすくなる。地価上昇期待が定着し高まれば，このような自己増殖の過程が加速される。本来ならもっと磨くべきであった審査能力よりも，不動産担保に過度に依存した貸出を拡大したことが，バブルの大きな原因となった。

　地価上昇が目立ってくると，銀行本体で不動産担保貸出を増やすことに，当局からの監視の目が厳しくなる。監視の目を逃れるために，バブル期の銀行が活用したのが，ノンバンクの設立であった。銀行本体ではなく，子会社のノンバンクから不動産担保融資を行ったのである。

図8−5(a)　業種別貸出残高（四半期）

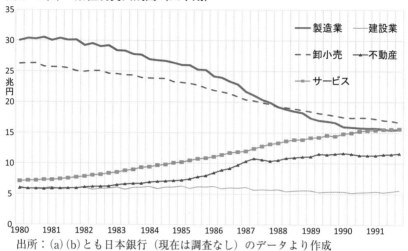

出所：(a)(b)とも日本銀行（現在は調査なし）のデータより作成

図8−5(b)　担保別貸出構成比（年度）

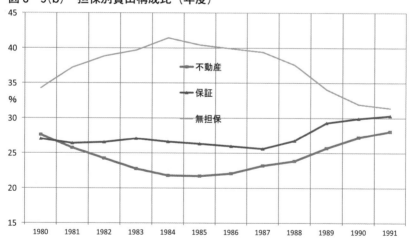

(3)　企業による財テクと金融市場の失敗

　企業に貸し出された資金は，土地開発につぎこまれて地価のバブルを誘発する一方，資産運用のための資金として証券市場にも流れ込んだ。ちょうどトッキン（特定金銭信託），ファントラ（指定金外信託）と呼ばれる証券運用や投資信託の仕組みが利用しやすくなったこともあって，これらを通して株式運用に取り組む企業が増加した。金融資産運用によって本業以上に儲けることが，財テクとしてもてはやされた時代でもあった。

　株価が高くなると，企業は新株発行によってより多くの資金を調達することができる。CPや社債も利用しやすくなった。そうして手に入れた資金で，事業拡大や本社ビルの新築が行われ，資金の一部は証券市場に再び流入して，株価の上昇がさらに上昇を呼ぶ株価の自己増殖も見られたのである。

　この時期，証券市場は明らかに金融市場に期待される機能を果たせていなかった。最も重要な，公正透明な価格付けを行って，適正な価格を発見しその情報を公示するという機能である。高すぎる株価は，企業の新株発行を促し，無駄な投資に流れるというモラルハザードをもたらした。本業を疎かにして財テクや土地投機に走り，バブル崩壊後にまで後遺症が残った企業も少なくない。

　個人投資家を一気に増やしたのが1986年NTT株の売り出しであった。売り出し直後のNTT株の値上がりによって大儲けした者も多く，バブル期に個人投資家が株式市場に参入する動機を与えた。個人株主数は1985年の1600万人から1990年には2500万人にまで増加していた（日本取引所「株式分布状況調査」）。

　以上紹介してきたバブル経済が崩壊したことによって，日本経済の状況は様変わりした。次章で，崩壊後の姿を取り上げよう。

参考文献

J. K. ガルブレイス著，鈴木哲太郎訳『バブルの物語－暴落の前に天才がいる－』ダイヤモンド社，1991 年

C. P. キンドルバーガー著，吉野俊彦・八木甫訳『熱狂，恐慌，崩壊－金融恐慌の歴史－』日本経済新聞社，2004 年

鈴木淑夫『日本の金融政策』岩波新書，1993 年

西村清彦・三輪芳朗編『日本の株価・地価－価格形成のメカニズム』東京大学出版会，1990 年

野間敏克編著『証券市場と私たちの経済』放送大学教育振興会，2015 年

9 | バブル崩壊後の日本の金融システム

《**目標＆ポイント**》 バブル崩壊後にもたらされたのは金融機関貸出の不良債権化であった。この章では，不良債権問題が深刻になっていく過程をたどり，それが改善に向かい始めるまでの日本の金融システムの混乱と，対策として繰り出された金融システム改革を振り返る。

《**キーワード**》 不良債権，貸し渋り，信用創造，貨幣乗数，整理回収機構，金融庁

1．バブル崩壊と企業資産の不良化

(1) 日本銀行の政策転換とバブル崩壊

1980 年代後半の日本の株価バブルは,1990 年 1 月に崩壊した。1989 年末に約 3 万 9 千円に達していた日経平均株価が，年明けとともに下落し始め,3 月には 3 万円を割り込むまでに急落したのである（前章図 8−1)。その後少し持ち直した時期があったが,90 年後半には 2 万円を割り込みそうなところまで下落した。その後 91 年には 2 万円台を続け,92 年には 1 万円台にまで落ちてしまった。

そのきっかけのひとつは日本銀行の金融政策転換であった。バブル当時史上最低水準の 2.5％ であった公定歩合が,1989 年に 3 度引き上げられ,90 年にもさらに 2 度引き上げられ,8 月には 6 ％ にまでなった[1]。前章図 8−4 でも確かめられるように，日銀が供給するマネタリーベース

----

[1] 最も単純な株価の理論によれば，将来得られる配当が全く同じだとして利子率が 2 倍になれば，株価は 1/2 になってしまう。

は1987年から10%以上の増加率を続けていたが，90年に急低下し91年には一時伸び率ゼロになっている。この，極端な引き締め転換がバブルを崩壊させたとして，株価下落で損失をこうむった投資家の中には日本銀行をうらみに思う者もいただろう。

しかし1984年から5年間でほぼ3.5倍になるような株価上昇が異常だったのであり，いずれバブルが崩壊することは必然であった。金融市場でもそろそろ下がるのではないかと株式投資に慎重になる「空気」が広がっていたと考えられる。だからこそ，日本銀行が与えたきっかけに反応して市場で下落が始まったのである。ただし，日銀の引き締めが始まってすぐにではなく，三度引き上げられてから崩壊が始まっている。実際の株価上昇や投資家の上昇予想が下落方向に逆転したのが，なぜその時点なのか，これらの問いに明解に答えることは難しい[2]。

(2) 地価バブルの崩壊と銀行の迂回融資

前章で解説したとおり，バブルの時期に銀行は不動産業やサービス業など製造業以外への貸出を増やし，土地担保を重視した。円高不況の一時期をのぞけば日本経済が好調で，地価は上がり続けていたから，土地担保を重視するのは当然だと受けとめられていた。

株価が低下し始めていた1990年3月，止まらない地価上昇に対して大蔵省（当時）は全国の金融機関に「土地関連融資の抑制について」という通達を出し，その中で不動産向け融資の伸び率を総貸出の伸び率以下に抑えることを求めた。いわゆる「不動産融資総量規制」である。同時に，不動産業，建設業，ノンバンクに対する貸出の実態を報告することも求められた。

---

[2] 古野（2008）はバブル期の新聞記事を丹念にたどり，世の中の心理的な変化とバブルの関係を抽出しようとしている。

　これにより，銀行から不動産への直接貸出は激減したが，ノンバンクを迂回した不動産貸出の抑制にすぐにはつながらず，地価も下がらなかった。ようやく1991年に入って地価上昇がおさまりかけ，91年末に総量規制は解除されたが，本格的に地価が下がり始めたのは92年からである。その後，2006年頃まで約15年間，住宅地も商業地も全国平均で下落を続けることになった（国土交通省公示地価）。

　日本銀行の金融引き締めと同様に，総量規制に対しても地価下落で損失をこうむった者からの批判が向けられた。株価以上に地価の下落は長期化したため，土地担保価値の下落が，その後の貸し渋りや日本経済低迷の原因になったという見方もある。しかし地価についても，やはりバブル期の5年ほどの間に，地域や用途により差はあるものの3倍から4倍に跳ね上がっている。これはやはりファンダメンタルズから乖離した価格上昇であり，地価は下がるべくして下がったと言うべきだろう。

(3)　バブル崩壊後の企業不良資産

　バブルは「市場の失敗」の一種であり，間違った価格づけによって資源配分を非効率にする。日本企業は，高株価や金融自由化によって資金調達が容易になり，生産力増強のための設備投資や，多角化のための新規事業投資など，過剰な投資を行ったと考えられる。それにより増加した総供給は，バブル期には資産効果で高まった消費や投資に吸収されていた。しかしバブル崩壊後は，逆資産効果によって総需要が減少し，超過供給の状態になった。過剰な設備の稼働率は低下し，新規の投資を抑制せざるをえなくなった。それはその後，革新的な技術を導入するような更新投資の妨げになり，日本企業の生産性の停滞につながった。

　フリーキャッシュフローを豊富に抱えた企業では，モラルハザードと言うべき行動も見られた。調達した資金を，必要のないビル建設や豪華

な社長室，社用車などに回すような行為である。また，前章でも述べたように，本業よりも財テクや土地投機にのめり込んだ企業もある。株式や土地を過剰に取得した企業は，バブル崩壊後に価値の低下したそれらの資産をかかえ，長い間損失処理に悩まされた。有形固定資産も金融資産も，いろいろな意味で企業の資産が不良化したのである。

2. 不良債権問題から金融危機へ

(1) 住専で知られ始めた不良債権問題

　企業の資産が不良化すると，その企業に対して資産を担保に，あるいは資産が生み出す将来利益を担保に貸出を行っていた銀行は，元利返済が滞り，貸出債権が不良化する。

　不良債権の深刻さが幅広く知られるようになったのは，いわゆる住専問題からであった。住専（住宅金融専門会社）は1970年代に銀行等（母体行）の共同出資で設立された個人向け住宅ローン専門のノンバンクである。個人向け住宅ローンは，大企業向けよりはるかに少額なのに煩雑な事務処理を必要とするため，銀行自身では行いたくない貸出だった。そこで，大蔵省（当時）が主導して，いくつかの銀行ごとに住宅ローン専門のノンバンクが8社作られたのである。

　しかし1980年代になると，コンピューターの導入などにより事務処理コストは大幅に軽減され，大企業製造業の銀行離れによって運用先の転換が必要になったこともあり，銀行自身が個人向け住宅ローンに力を入れ始めた。政府系金融機関や住専以外のノンバンクからの住宅ローンも増加したため，80年代の住専は，個人ではなく事業会社に，それも不動産業向けの貸出を増加させた。特に，銀行から貸し出すには躊躇するような貸出先が住専に紹介され，その中には反社会的集団も含まれてい

たと言われている。バブル末期になると，すでに不良債権化し始めた債権の肩代わりが住専に求められたり，1990年の総量規制以後は，銀行が行っていた不動産融資が住専に回されたりするようになった。

　住専の不良債権問題が知られるようになった1995年，大蔵省の立ち入り検査により住専が保有する債権の半分以上が不良債権化していることが分かり，住専の経営破綻が避けられないとの認識が広がった。住専が破綻すると，母体行からの出資や貸出が返済されず，銀行の経営にも，金融システム全体へも悪影響が及ぶ。それを防ぐための方策が1996年の国会で議論され，結局，約7000億円の税金を注入すること，母体行が債権放棄すること，住専の8社中7社は倒産させること，住宅金融債権管理機構（のち整理回収機構）という債権回収のための専門機関を作ること，などが決定された。

(2)　不良債権の増加

　不良債権とは，返済や利払いに何らかの支障がでた債権のことである。もちろん金融機関はそれぞれに厳格な債権管理を行ってきたが，個々の銀行の不良債権額や，金融業態ごとの不良債権額は公表されていなかった。それらが調査・公表されるようになったのが1993年の「リスク管理債権」からであり，表9−1のように不良債権のレベルが分類されている[3]。

　全国銀行全体のリスク管理債権の総額と貸出金に対する比率（不良債権比率）の推移を描いたのが図9−1である。ピークの時には40兆円を

---

[3] その後，自己査定，金融再生法，金融検査マニュアルなどに基づくあらたな不良債権の基準が設けられている。判断基準を銀行側におくか企業側におくか，貸出だけを対象にするか債券なども含めるか，何のための分類かなどの点で違いがある。柳川（2002）参照。

表9−1　リスク管理債権における不良債権区分

［破綻先債権］未収利息不計上貸出金のうち，更生手続き開始等の事由が生じているもの
［延滞債権］未収利息不計上貸出金であって，上記破綻先債権及び債務者の経営再建又は支援を図ることを目的として利息の支払いを猶予したもの以外のもの
［3カ月以上延滞債権］元金又は利息の支払が，約定支払日の翌日を起算日として3カ月以上延滞している貸出債権（破綻先債権，延滞債権に該当するものを除く）
［貸出条件緩和債権］経済的困難に陥った債務者の再建又は支援を図り，当該債権の回収を促進すること等を目的に，債務者に有利な一定の譲歩を与える約定条件の改定等を行った貸出債権（上記に該当するものを除く）
［正常先債権］

出所：金融庁『金融庁の1年・資料編』より作成

超え，貸出に対する比率で9％近い不良債権を抱えていたことが分かる。注意したいのはピークが2001年ということである。バブル崩壊から約10年たった時期が不良債権のピークであるということは，バブル時の債権が当初正常だったのに数年を経て不良債権に変わったのか，あるいはバブル崩壊後に新たな不良債権が生まれ上乗せされたことを意味する。それは，後述するように，不況とデフレ，そして銀行からの貸出減少がさらなる不況につながったためと考えられる。

　なお，2019年の不良債権比率は1％以下になっており，銀行貸出は極めて健全に保たれている。しかしその一方で，リスクはあっても成長可能性のある企業に対して，銀行が資金を貸すことをやめてしまったと

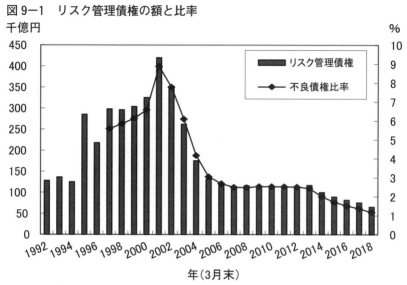

図 9−1　リスク管理債権の額と比率

出所：金融庁 HP のデータより作成

みることもできる。預金を元手に貸出を行う銀行に過度なリスク負担を
求めることはできないにしても，成長企業を支える役割が銀行には期待
されている。この点は 13・14 章であらためて取り上げる。

(3)　金融機関倒産の始まりと広がり

　第二次世界大戦後の日本では，銀行などの預金取扱金融機関の破綻は
なく，預金者を保護したり金融システムへの悪影響を防いだりするため
に，公的な資金が投入されることはなかった。経営不安になる金融機関
があったとしても，メガバンク等が吸収するなどして破綻には至らせな
かったからである。1971 年に政府，日銀，民間金融機関の共同出資に
より預金保険機構が設立されていたが，資金援助を必要とするような事
態は起こらなかった。

　1992 年，愛媛の東邦相互銀行が破綻し，合併先の伊予銀行に対して預金保険機構から 80 億円の資金が貸し付けられた。同年破綻した大阪の東洋信用金庫は三和銀行に合併され，200 億円の資金が贈与された。その後も信用組合や信用金庫の破綻は続いたが，ついに第二地方銀行の兵庫銀行が破綻したのが 1995 年，そして 1997 年には都市銀行の北海道拓殖銀行までもが破綻した。預金保険機構からの資金援助は増加し，ピーク時には援助件数が 51 件（2002 年度），援助額が約 6 兆円（2000 年度）に達した。

　1990 年代後半には，長期信用銀行の不良債権が深刻なレベルにあることも知られるようになっていた。長期信用銀行とは，長期貸出を専門に行う特殊な銀行で，第二次世界大戦前から存在した日本興業銀行，戦後に設立された日本長期信用銀行，日本債券信用銀行の三行を指す。戦

図 9−2　預金保険機構からの資金援助実績（億円）

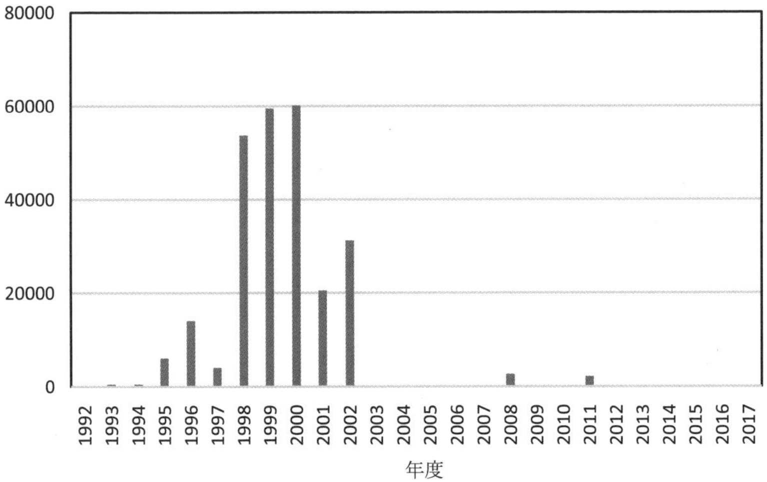

注：金銭贈与，資産買取その他の合計
出所：預金保険機構 HP のデータより作成

後の資金不足の中で，重厚長大産業をはじめとした基幹産業への長期貸出を行うことが主な役割であり，そのために，長期の資金調達手段である金融債の発行が認められていた。

しかし日本全体の資金循環が資金不足から資金余剰に転じ，大企業は証券市場や海外からも資金調達するようになり，普通銀行が長期資金を貸し出すようになると，長期信用銀行という専門業態の存在意義は低下する。そのような変化に対して長期信用銀行は，証券業務や国際業務を盛んに行う一方，貸出市場においては不動産関連や流通，サービスなどへの貸出を進めるようになった。そしてバブル末期には，住専への貸出や，系列ノンバンクを通じた不動産向け貸出を膨らませ，バブル崩壊後にこれらが軒並み不良債権化したのである。さらにその事実を隠そうと，系列会社を用いた損失飛ばしで粉飾決算まで始める長期信用銀行もあらわれた。日本興業銀行以外の二行は 1998 年に破綻し，後述する新しい法律によって一時国有化されたが，その後売却されて経営が再建され，現在その他銀行として営業を続けている。

1997, 98 年には銀行，信用金庫などの預金取扱金融機関だけでなく，有力証券会社や保険会社も倒産し，まさに金融危機の状態に陥った。日本の金融システムは海外から不安視され，日本の金融機関への貸出には「ジャパンプレミアム」が上乗せされるようにもなった。アジア通貨危機の広がりや消費税率引き上げによる不景気も重なり，1998 年には石油ショック後の 1974 年以来の実質マイナス成長となった。

(4)　貸し渋りと信用創造機能の低下

不良債権を抱えた銀行は，正常であれば得られたはずの利益が得られず，利益が圧縮されてリスク負担能力が低下する。有望な新しい貸出先に貸せないだけでなく，これまで短期貸出を繰り返すこと（ロールオー

バー）で実質的に長期貸出を供給してきた企業に対して，少しでも不安を感じればロールオーバーをやめてしまうようになった。借り換えを当然と考えてきた借り手企業からすれば，突然それを止められても，別の借入先をすぐに見つけることはできず，資金繰り困難から倒産する企業が増加した。新聞紙上では「貸し渋り」「貸しはがし」という言葉が使われるようになっていた。

　図9-3に示されているように，バブル崩壊後の金融機関貸出は増加から横ばいになり，そして減少するようになった。その一方で，一部企業に対しては救済のための「追い貸し」が実施され，そのおかげでかろうじて生き残っている企業は「ゾンビ企業」と名付けられた。

　銀行の最も重要な機能は，情報生産によって貸出を行う信用創造である。相手企業を審査し，その結果信用できたところに資金を供給することが銀行に求められる社会的な役割であった。しかし不良債権の重荷に

図9-3　バブル崩壊後の金融機関貸出残高変化率

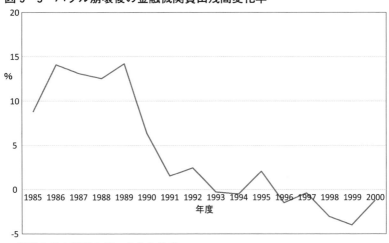

出所：日本銀行のデータより作成

よって，新規企業に貸し出せず，既存企業への貸出が継続できず，それでいて一部企業に追い貸しをする。この時期の銀行の情報生産機能と信用創造機能は著しく低下していたとみられる。それは貨幣乗数の低下として観察できる。

　貨幣乗数は，7 章で説明したマネタリーベース（現金＋日銀当座預金）に対して，マネーストック（現金＋預金）がどれほど増えるかを示した指標である。図 9−4 には当時の代表的なマネーストック指標である M 2＋CD（郵貯は含まない）の貨幣乗数が示されている。高水準だったバブル期から，90 年代には下落していったことが分かるだろう[4]。いくら日銀当座預金が増えても，信用創造によって貸出・預金を増やすことにつながりにくくなったのである。

図 9−4　バブル崩壊後の貨幣乗数（旧 M 2＋CD）

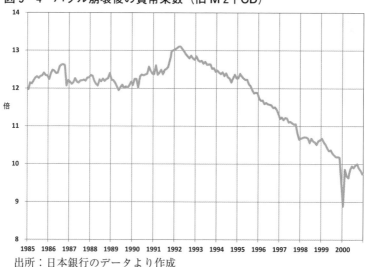

出所：日本銀行のデータより作成

---

[4] 貨幣乗数の低下はその後も止まらず，近年は M 2 乗数で 2 倍近くまで低落している。15 章のアベノミクスのところで再度ふれる。

　ただし銀行側には，貸し渋っているわけではなく，不景気で企業の借り入れ需要が減ったため，貸出を増やせなかったという言い分がある。供給側だけでなく需要側の影響もあるからである。また，リスクをかかえた企業向け貸出に比べ，国債運用の方が情報生産のコストもかからず無リスクで一定の利子が稼げる。バブル崩壊後には，国債の相対的有利さから，多くの銀行が国債運用の比重を高めた。

　その他にも貨幣乗数が低下した原因は考えられる。たとえば銀行が超過準備として日銀当座預金に回す部分が多くなるほど，乗数は低下する。また，信用創造で増加した預金が現金として引き出され，企業の手元現金や家計のタンス預金として保有される割合が高まった場合も，乗数は低下する。

3. バブル崩壊後の金融システム改革：　金融規制と金融政策との連携へ

(1)　不良債権処理体制の整備と本格化

　銀行の信用創造機能を取り戻すためには，不良債権を早く処理することが必要であった。しかし図9-1で示したように，2001年まで不良債権は増え続けていた。それにはいくつかの理由がある。何よりも1990年代前半には，まだ地価が回復するとの期待を捨て去ることができなかった。地価が回復すれば，以前と同じように土地を処分すれば不良化した貸出を埋め合わせることができると楽観していたのである。

　地価が一向に上がらない中，不良債権を処理しようとすれば，間接償却と直接償却の二つの手法があった。間接償却とは，銀行バランスシートに不良になった貸出も資産として残し，その代わりに貸倒引当金をあてて資産価値の下落に備える方法である。ただこれだと，企業経営の悪

化や担保価値の低下があるたびに，引当金を積み増さねばならなくなる。

　それに対して直接償却では，不良になった貸出を償却し，バランスシートから取り除いてしまう（オフバランス化）。こちらの方が銀行バランスシートを健全化し，過去の不良債権から解放されて新たな貸出に踏み出しやすいなどの点で，間接償却よりも処理を完結させるやり方と言える。

　しかし直接償却の場合，私的整理（債権放棄），法的整理（倒産処理），債権売却のいずれかを実施するため，企業への最後通牒となるかもしれない。企業との長期的な取引を続けてきた銀行は，最終処理を先延ばしにできる間接償却を選ぶ傾向にあった。また，直接償却によって生じた損失を税制上有利に損金処理できれば直接償却が促進されただろうが，90年代には限られた部分しか認められていなかった。

　不良債権処理を急務と考えた政府は，2001年に緊急経済対策として「不良債権のオフバランス化」を打ち出し，直接償却にともなう損金の扱いが税制上有利に変更された。またそれ以前に，銀行等から不良債権を買い取り回収することを主業務とした機関が，預金保険機構の出資で作られた。1999年の整理回収機構である[5]。これらが整ったことで，不良債権処理がようやく進み始めた。さらに本格的に不良債権処理が進むのは，このあとふれる2002年の金融再生プログラム以降である。

(2)　不良金融機関処理と不良企業処理

　金融危機が深刻化した1998年，金融安定化措置法が成立し，都市銀行や地方銀行に対して約1兆8千億円の公的資金注入が決定した。さら

---

[5] 東京共和・安全信組の受け皿銀行として作られた東京共同銀行（のち整理回収銀行）と，住専問題の時に作られた住宅金融債権管理機構が合併して設立された。

にこの年，まだ破綻していない金融機関への資本注入のため金融機能早期健全化法（健全化法）や，破綻金融機関の処理方法を定めた金融機能再生緊急措置法（再生法）が成立し，長期信用銀行二行を処理するために適用された。

　バブル崩壊後，金融機関が破綻するようになっても，一般企業の破産法や会社更生法にあたる金融機関破綻処理法制は整備されていなかった。預金保険機構からの資金援助を受けて，救済金融機関が合併や事業譲渡という形で処理してきたのである。それが再生法の成立によって，破綻金融機関の一時国有化（特別公的管理）や政府が派遣する管財人によるブリッジバンク方式などの処理方法の選択肢が提示され，破綻処理は進めやすくなった。

　銀行の不良債権は企業資産の不良化によってもたらされたものであり，銀行の不良債権処理は，企業の不良資産処理をともなってこそ経済全体の改善につながる。ところが土地担保処分による債権処理だと，企業資産の質の改善にまで至らないことが多い。4章で解説した銀行の情報生産機能の中でも，この時期，事後的な情報生産の重要性が増していたのに，対応しきれていなかったのである。

　不良資産をかかえた企業であっても，不良部分を分離処理して価値ある資産を残したり，他社との提携によって再生したりできる可能性がある。ところが，これらの情報提供や助言や仲介によって企業再生や事業再生を進める業務は，日本の銀行があまり積極に取り組んでこなかった。そう考えた金融庁は，2000年代に入って企業再生や事業再生を重要施策とし，民間金融機関にも理解と実行を求めるようになった。そのような業務を組織として取り組む先駆けとなったのは，2002年の金融再生プログラムで作られた産業再生機構であり，これも預金保険機構出資の政府機関であった。

（3）　金融規制の変化：プルーデンス政策から金融政策との連携へ

　1990年代，日本では金融機関や金融市場に対する規制監督が大きく変わった。バブルによって日本の金融システムの問題点が明らかになったこと，世界の金融情勢が大きく変わったこと，特に情報技術や金融技術が劇的に進歩したためである。何よりも，基本的な発想が変化した。競争制限的な規制と業界保護によって金融機関をつぶさないという姿勢から，競争を活用して企業や家計への金融サービス水準を高める方向に変わった。競争の結果敗者となった金融機関については効率的な処理方法を整備し，弱者への被害や金融システム全体への影響を防ぐセーフティネットを整えるという変更がなされたのである。金融再生法や預金保険制度の整備もそのような流れの一環である。

　戦後日本の金融規制は，預金金利規制，参入規制，店舗規制などの競争制限的規制が中心であった。あるいはバランスシート規制，営業諸比率指導のような健全経営規制もかつて存在した。いずれも，民間金融機関の活動を，前もって縛る事前的規制と呼ばれるものである。政府が民間より多くの新しい情報をもち，高い監督能力を保持していたのであれば，このような上からの「指図」による規制の仕方が日本の金融システムを安定化させ企業や家計のために役立った面はあっただろう。

　しかしすでに90年代には金融技術は高度化し，インターネットを通じて大量の情報が世界中を飛び交い，次々と新しい技術を使った金融サービスが現れようとしていた。そのような時代に政府が民間の活動を縛り指図することの弊害は大きい。民間に自由に活動させた方が，金融市場の動きや金融技術についての情報を集め，理解し活用し，政府より素早く対応することができるだろう。事前的規制の多くは撤廃され，政府は，指図するのではなく，競争環境を整え，より良い金融サービスを提供するインセンティブを民間に与えることを考えるようになった。

　撤廃されていった事前的規制の中で例外的に，格段に重視されるようになったのが自己資本比率規制である。自己資本比率規制とは，銀行がもつリスク資産に対して，一定比率以上の自己資本の保有を義務づけるものである。1988年にスイスのバーゼルに本部を置くBIS（国際決済銀行）が，国際的に業務を行う銀行に対して 8 ％という基準を決議したBIS規制が自己資本比率規制の代表である。この規制（バーゼルⅠ）は1992年から実施され，日本の銀行がリスク資産を圧縮させるために貸出を減らす「貸し渋り」につながったという意見もある。

　最初に決議されたBISバーゼルⅠの時から，何がリスク資産にあたるか，何が自己資本にあたるか等をめぐって議論があり，その後BIS規制は見直され，現在はバーゼルⅢと呼ばれる規制基準が順次適用されている。

　各国ともに，自己資本比率規制を軸に信用秩序の維持，金融システムの健全化を実現するための規制・監督を整備してきており，それらを総称してプルーデンス政策と呼んでいる。日本では，金融危機の最中である1998年から，早期是正措置が導入され，各銀行に債権区分の自己査定を徹底することを求めるとともに，各銀行の自己資本比率に応じて，経営改善計画の作成，業務の縮小，業務の停止などの「措置」が決められた。

　プルーデンス政策は，個々の金融機関の健全性を保つことによって危機が全体に広がることを防ぎ金融システムの安定化を図るという，ミクロ的な考え方であった。しかし近年では，世界の金融システムの安定化のために，マクロ経済との関係にも配慮して，健全化のための規制・監視を行うような考え方が広がっている。中央銀行による金融政策のあり方が金融システムの安定化に寄与する点も注目されるようになった。マクロプルーデンス政策と呼ばれるこのような考え方は，リーマンショッ

クによる金融危機後に発展してきており，11章でサブプライムローン問題を解説した後にあらためて取り上げる。

参考文献

竹森俊平『1997年−世界を変えた金融危機』朝日新書，2007年

藤井良広『中坊公平の闘い（上）（下）』日経ビジネス文庫，2001年

古野高根『20世紀末バブルはなぜ起こったか』桜井書店，2008年

柳川範之・柳川研究室編著『不良債権って何だろう？』東洋経済新報社，2002年

10 | 投資信託の役割

《**目標&ポイント**》 少子高齢社会において重要性が増している投資信託を取り上げ，基本的な仕組みを学び，内容・特徴・注意点を理解する。投資信託は，規制改革や NISA の創設などによって，ますます身近になっており，経済全体への影響が拡大する可能性についても考察する。
《**キーワード**》 市場型間接金融，証券投資信託，金融のアンバンドリング，金融商品取引法，NISA，目論見書，スチュワードシップ・コード

1. 投資信託とは[1]

(1) 市場型間接金融

4章で説明したように，銀行中心の金融システムは，情報生産，リスク分散，資産変換などの機能を銀行が果たすことで，金融仲介が行われていた。それが，産業構造の変化が早まって銀行だけでは吸収し難いほどに企業リスクが拡大し，情報通信技術の発達や AI（人工知能）の進化により情報生産における銀行の優位性が薄れてきた。銀行への依存度が高い資金循環では，たとえば IT やバイオなど最先端技術を開発する企業の資金調達ニーズや，少しでも高い収益率を求める家計の資金運用ニーズには応えにくくなってきた。

証券市場を始めとした金融市場を中心とする金融システムにも問題があった。取引所など金融市場，証券会社等専門機関，証券発行者である

---

[1] 本章全体を通して，野間（2015）の 11 章, 12 章（若園智明氏執筆）を参考にしている。

企業，そして投資家が，それぞれに情報生産などの機能を果たすことで
金融仲介やリスク配分が行われることが，この金融システムの特徴で
あったが，いくつか不十分な点があるからである。なかでも，投資家自
身の情報生産能力とリスク負担能力が必ずしも高くないことは大きな問
題であった。2 章で見たように，米国の家計金融資産の 35.8％ が株式
などで保有されていたのに対して，日本は 10％ にすぎなかった。日本
の家計は，自分自身で投資先を調べ，判断し，リスクを負うことを避け
る傾向にあったと考えられる。

　銀行のような専門金融機関の能力を活かし，かつ証券市場のような競
争的な価格決定の利点を活かすような仕組みとして発達してきたのが
「市場型間接金融」と呼ばれる金融システムである。そのうち本章では，
家計の資産運用手段として成長が期待されている投資信託（投信）を，
次章では流動性の低い資産の流動化を進め，調達や運用の機会を広げる
証券化を取り上げよう。

(2)　投資信託の特徴と仕組み

　投資信託とは「投資家から集めたお金をひとつの大きな資金としてま
とめ，運用の専門家が株式や債券などに投資・運用する商品で，その運
用成果が投資家それぞれの投資額に応じて分配される仕組みの金融商
品」(投資信託協会) であり，以下のような特徴をもっている。

　第一に，投資家が拠出する資金は小口でもそれを集約して大口の基金
（ファンド）にすることで，規模の経済性を享受し，かつ投資家が直接
には参加できないような金融市場に間接的に参加することができる。第
二に，専門家による情報収集，投資判断，資産管理に任せて，多様な資
産に分散投資することができる。そして第三に，収益は運用成績に応じ
て変動するため元本は保証されないが，ハイリスクハイリターンから

ローリスクローリターンまで，運用目的に応じた投資信託商品が選べる。

　投資信託は，設立形態によって契約型と会社型に大別できる。契約型はさらに委託者指図型と委託者非指図型に分けられ，わが国では契約型で委託者指図型の投資信託が主流となっているため，その仕組みを通して，投資信託の特徴を確認しよう（図10−1）。

　まず投資家は，購入したい投資信託商品を選び，証券会社などの販売会社で購入する。商品の内容は目論見書と呼ばれる説明書に詳しく書かれており，それを熟読し他の情報も集めたうえで，言い換えると投資家自身が情報生産し判断して，投資に参加する。申込金を支払うと受益証券と呼ばれる証券が渡され，投資信託から得られた利益の分配金を得る権利が与えられる。投資信託商品を企画し，販売会社を通して集めた資金の運用を指図する専門機関が，投資信託委託会社である。そして委託会社からの委託を受託し，指図に従って資産運用を行い，それら資産の保管管理を行うのが信託銀行である。

図10−1　契約型投資信託（委託者指図型）の仕組み

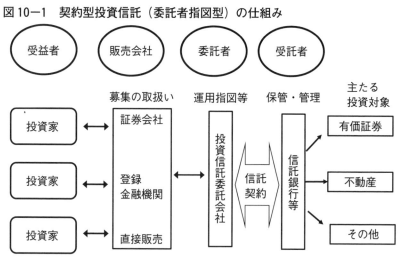

出所：投資信託協会『日本の投資信託 2014』「契約型投資信託（委託者指図型）の仕組み」に一部加筆

　銀行を通じた金融仲介の場合，預金商品を販売し資金を集めるのも，運用方法を考えるのも，企業貸出を実行し債権を管理するのも，すべて銀行であった。しかし投資信託の場合は，販売，委託，受託という機能が金融機関の間で分担されている。新しい金融システムで見られるこのような機能分化のことを，金融のアンバンドリングと呼んでいる。

　伝統的な契約型投資信託に対し，会社型投資信託は 1998 年の法改正で認められた比較的新しい取引形態である。投資を目的とする投資法人が設立される点が大きな特徴であり，投資家は投資主として出資し，あたかも株式会社における株主のように，投資主総会において投資法人の役員選任などの権利をもつ。投資法人は通常の事業会社と同じように運営されるが，一般事務，募集，資産運用，保管・管理のすべての業務が外部に委託され，やはり金融機能が分化されている。

(3)　投資信託の種類

　設立形態による分類以外に，募集方法によって投資信託は公募と私募に分けられる。公募では，不特定多数の投資家から資金を集めるため，投資家保護の必要性から，募集手続きや情報開示などの点で厳しい規制が課されている。それに対して，1998 年の法改正で認められた私募では，募集相手が少人数（50 人未満）であったり，専門的知識や経験が豊富なプロであったりするため，規制が緩やかになっている。

　投資対象によっても分類され，株式を一切入れず公社債だけで運用するものは公社債投信，運用資産に株式を少しでも組み入れたファンドは株式投信と呼ばれる。公社債投信でも，長期債中心で運用するものと短期債で運用するものとがある。株式投信の中にも，運用対象や運用姿勢などによって多様な商品が作られており，2 節 3 節で主なタイプを紹介する。

その他に，契約型投信のうち追加設定ができるかどうかで，追加のできない単位型（ユニット型）とできる追加型（オープン型）に分けられる。日本の投資信託がスタートした時は単位型であったが，現在は契約型のほとんどが自由度の高い追加型になっている。

また，発行証券の買取請求権の有無によっても分類される。信託期間が完了する以前に，投資家から販売会社に対して買取請求できるタイプがオープンエンド型と呼ばれ，受益証券分の信託財産の時価評価に基づいて換金される。クローズドエンド型は買取請求ができず満期まで解約することはできない。ただし，証券取引所に上場されていれば流通市場で転売し換金することができる。わが国の契約型投信は原則としてオープンエンド型であり，後述する不動産投信に代表される会社型投信がクローズドエンド型である。

(4) 投資信託のコスト[2]

投資信託には，少なくとも販売，委託，受託の各機関が関わっており，それらに対する手数料や報酬を，投資家は支払わねばならない。

まず購入時には，販売会社に対して販売手数料（購入時手数料）を支払う。通常申込金額の数％であるが，ファンドや販売会社によっては手数料ゼロ（ノーロード）のこともある。

ついで保有期間中には，運用管理費（信託報酬）を委託者の運用，受託者の管理・保管，販売会社の代行業務に対して支払う。純資産額に対して年率で1％前後であることが多く，日数に応じた日割り計算になる。期間中は他に，監査法人への監査報酬がかかり，もし組み入れ資産の売買を外部に委託した場合は委託売買手数料がかかる。そして投資信託によっては，換金（解約）するときに解約手数料や信託財産留保額が差し引かれることもある。

---

[2] 投資信託協会HPより。https://www.toushin.or.jp/

2.　日本における投資信託

(1)　投資信託の歴史と法制度[3]

　複数の投資家から資金を集約して大口の基金（ファンド）として投資運用を行う形態は集団投資スキームと呼ばれ，19 世紀後半にイギリスで発生し，それ以来世界各国で様々な形態で広がってきた。わが国でも戦前から存在したが，現在の投資信託制度は 1951 年の「証券投資信託法」によって始まり，当初は契約型かつ単位型の株式投信のみであった。

　すでに言及したように，会社型や私募の投信は比較的新しく，認められたのは 1998 年の通称金融システム改革法からである。そして 2000 年には証券以外の資産も投資対象にすることが可能になり，不動産投資信託を設定することが可能になった。法律名も「投資信託及び投資法人に関する法律（投信法）」と改められた。

　同じ 2000 年には「金融商品販売法」が成立し，投資信託を含む多種多様な金融商品の販売において商品内容の説明義務が拡充されるなど，投資家保護が格段に強化された。説明すべき重要事項には，元本割れのリスクや投資対象としている証券の発行者のリスク，そして解約などの権利の有無や行使期間などが含まれている。

＜金融商品取引法＞

第一条　この法律は，企業内容等の開示の制度を整備するとともに，金融商品取引業を行う者に関し必要な事項を定め，金融商品取引所の適切な運営を確保すること等により，有価証券の発行及び金融商品等の取引等を公正にし，有価証券の流通を円滑にするほか，資本市場の機能の十全な発揮による金融商品等の公正な価格形成等を図り，もつて国民経済の健全な発展及び投資者の保護に資することを目的とする。

---

[3] 日本証券経済研究所（2018）第 7 章を参照。

　2007年から施行された「金融商品取引法」（金商法）は，証券取引法の改正に加えて多数の関連法を統合した包括的なものであり，本章だけでなく本書全体にとっても重要な法律である。その第一条に明記されているように，金融市場全体の改善によって「国民経済の健全な発展及び投資者の保護」が目指されている。

　この法律の目的のひとつは規制の横断化であり，これまで別扱いとされてきた金融商品や金融取引に関わる機関全般に対して，横断的に同様の規則を適用することになった。従来の法制下では，証券会社は証券取引法，投信会社は投資信託法というような縦割りで規制されていたが，

図 10−2　金融商品取引法による規制の横断化

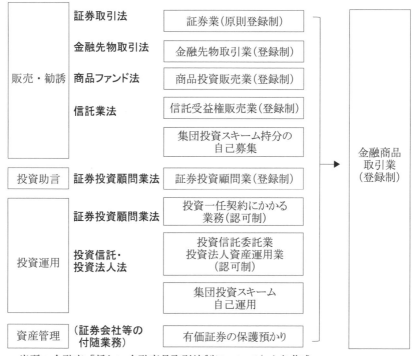

出所：金融庁「新しい金融商品取引法制について」より作成

図 10-2 のように統合され，販売・勧誘，投資助言，投資運用，資産管理等を行う業者に対しては，一律に金融商品取引業者としての登録を求めることになった。それによって，従来は法制の隙間にあって規制が不十分な新種の金融商品についても，共通の行為規制が適用され，投資家保護が徹底されることになった。

　規制の柔軟化もこの法律の目的であり，流動性の高い証券には厳しい開示規制を求めるが流通性の乏しい証券には開示規制を課さない，一般投資家とプロの投資家を区別し，特定投資家と呼ばれる取引経験の豊富な大規模機関に対しては規制を緩める，などのようなメリハリがつけられた。

　投資信託との関連では，金融商品取引法で「有価証券」の範囲が広げられたことも指摘しておこう。証券投資を前提とした投資信託だけでなく，集団投資スキームをとる信託受益権全般が有価証券とみなされるようになったのである。たとえば出資された資金で商品投資を行ういわゆる商品ファンドや，不動産信託受益権などへの投資を行う不動産ファンド，そして事業型ファンドなども，同じ規則に従うことになった。

(2)　投資信託の推移と背景

a.　長期的な推移

　図 10-3 には，日本の契約型投資信託の純資産額の推移が示されている。当初公募だけだったが，1998 年に認められた私募投信が途中から加わっている。1980 年代後半のバブル期に急増をして 50 兆円を超えたこと，1990 年代にはほぼ横ばいであったこと，2000 年代に入り公募も私募も増加していたが 2008 年のリーマンショック後は停滞したこと，そして近年は公募私募ともに増加していること，などが読み取れる。

図10−3 投資信託純資産額の推移（契約型のみ）

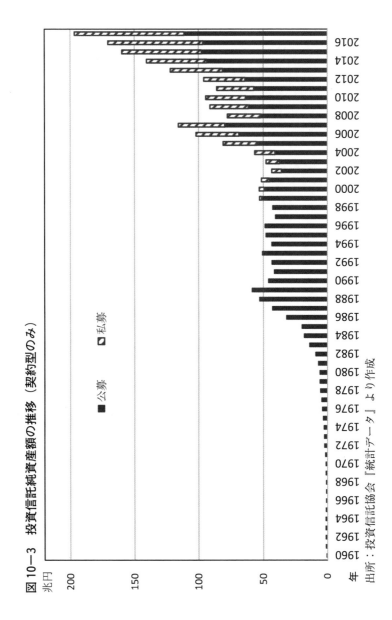

出所：投資信託協会『統計データ』より作成

b.　次々現れた新しい投資信託

　単位型の株式投信のみで始まった日本の投資信託は，1950 年代に追加型，1960 年代に公社債投信，1970 年代に国際投資ファンドと幅を広げていった。1980 年には国債の大量発行を背景に，中期国債ファンドが開発され，個人投資家にも人気を博した。バブル期を含む 1980 年代を通して株価は上昇し続け，既存の株式投信が増加しただけでなく，株価指数の変化に連動したインデックス・ファンドが登場した。

　バブル崩壊後の 1990 年代には株式投信が減少したが，それを埋め合わせるように，公社債投信の商品開発が進み，MMF（マネーマーケットファンド）が誕生した。これは，個人では参加が困難な短期金融市場での運用を中心に，市場実勢を反映した利益配当をもたらす投資信託であり，米国で 1970 年代に銀行からの大規模な資金移動をもたらした人気商品である。ただし日本の MMF は，後に元本割れを起こし，短期金利がゼロやマイナスにまで下がったこともあって，リスク，リターンともに魅力がなくなり，2016 年にすべて償還されてしまった。現在では，MMF よりも安全性や流動性に配慮された MRF（マネーリザーブファンド）が短期の公社債投信として流通している。

　1990 年代には，国内株式市場が低迷したことから，海外株式投資ファンドが増加した。新技術を使った商品も現れ，上げ相場か下げ相場かで損得が左右されるように設計されたブル型およびベア型の投資信託が生まれた。いずれもディリバティブ取引を活用したハイリスクハイリターン商品であるが，ゼロ金利のもとで高い収益が狙える商品として増えてきている。

　他のファンドに投資するファンド・オブ・ファンズも登場した。自社のファンドを組み合わせるだけでなく，専門分野に強い他社のファンドを組み入れることで自社にない特徴をもったファンドを作成できたり，

投資スタイルの異なるファンドを組み合わせることで分散投資の効果を高めたりすることができる。

c．REIT，ETF，確定拠出年金

　2000年の投信法改正によって有価証券以外の資産に主として投資する投資信託が認められ，様々な投資信託が登場した。代表は2001年に東京証券取引所に上場されたREIT（Real Estate Investment Trust；不動産投資信託）であり，集めた資金を不動産中心に運用し，賃料などの運用益を投資家に分配する仕組みである。契約型をとることも可能だが，設立されたわが国のREITはいずれも投資法人を設立する会社型の形態をとっており，かつ満期まで買取請求できないクローズドエンド型である。ただし上場されることによって，途中換金したい投資家にも売却・換金する機会が与えられている。

　同じ年にETF（Exchange Traded Fund；上場投資信託）も認められている。ETFは株価指数などに連動するインデックス・ファンドの一種であるが，一般的なファンドが1日1回組み入れ資産の時価を計算して基準価額が変更されるのに対して，ETFは取引所に上場され，株式と同様に，リアルタイムに市場価格で売買することができる。

　本来不動産投資を行うには大口の資金が必要であり，それができる個人投資家はごく少数であろう。自分自身で日経225の株式すべてに分散投資することも，ましてやTOPX全銘柄に分散投資することも個人投資家にはまず不可能だろう。ところがREITであれば少額の資金で不動産運用をすることができ，ETFでは多数銘柄への分散投資が行える。しかもいずれも上場されているから，流動性は高く誰でも売買できる。これらの商品によって，小口の資金しかもたない個人投資家でも，間接

的に，それまでできなかった運用ができるようになった[4]。

　2001 年に確定拠出年金制度が始まったことも，日本の投資信託の動向を大きく変えた。従来の企業年金が確定給付だったのに対して，積立期間の運用成績によって年金額が増減する変動給付型が加わったのである。変動給付の場合，企業は運営管理機関を選定し，年金積立金（拠出金）の運用方法リストを提示するまででよく，どの方法にするのかは社員自身が選択するようになった。といっても，企業に任せてきた年金運用を自己責任で行うには，社員の情報量も判断力も不足しているだろう。そこで，専門家の手を借りて分散投資ができる投資信託が，年金運用の中核となることが期待されたのである。

3．投資信託の社会的役割

(1)　家計の中長期運用手段としての投資信託

　2 章図 2－5 で示した日本の家計金融資産において，投資信託の割合は 5.4％ と米国の 11.0％ や欧州の 9.2％ に比べると，まだ小さい。それでも株式ほどには欧米との差は大きくなく，少しずつ投資信託保有比率は上がっており，投資信託が日本の家計の資産運用手段として認知され始めていることがうかがわれる。

　個人投資家に投資信託の利用目的を聞いた調査（投資信託協会「投資信託に関するアンケート調査」2015 年）では，「老後の生活資金のため」が約 4 割を占め，次いで「特に目的はないが資金を増やしたい」「資産のリスク分散」が続いている。米国では 7 割以上が退職後の資金と答

---

[4] ETF や REIT は金融政策の買いオペ対象になっており，日本銀行の保有額が膨らんでいる。日銀が間接的に株主となって，株価形成をゆがめているとの見方がある。15 章で取り上げる。

えており，投資信託は基本的に将来をみこした中長期的な運用手段と言うことができよう。実際日本でも，表10-1に見るように，投資信託は60歳以上の高齢者や年収1000万円以上の高所得者の保有比率が最も高いけれど，30代40代の比較的若い世代や，年収500万以下の中所得者にも保有されている。

　前節で見たように，投資信託は着実に家計にとって使いやすい運用手

表10-1　投資信託を保有する個人投資家のプロフィール

年齢別投信保有率			年収別投信保有率	
	男性	女性		
20〜24歳	0.9%	1.1%	100万円未満	5.6%
25〜29歳	1.4%	3.8%	100〜200万円未満	6.9%
30〜34歳	4.6%	1.0%	200〜300万円未満	10.7%
35〜39歳	7.3%	4.3%	300〜400万円未満	10.0%
40〜44歳	7.6%	4.3%	400〜500万円未満	10.3%
45〜49歳	6.3%	7.6%	500〜700万円未満	10.9%
50〜54歳	10.7%	8.2%	700〜1000万円未満	17.6%
55〜59歳	11.5%	8.5%	1000万円以上	31.4%
60〜64歳	11.8%	12.2%		
65〜69歳	14.6%	12.6%		
70〜74歳	18.4%	11.4%		
75〜79歳	11.8%	9.6%		
80〜84歳	17.2%	9.7%		
85〜89歳	15.4%	4.2%		
90歳以上	16.7%	0.0%		
全体平均8.7%				

出所：日本証券経済研究所『図説　日本の証券市場（2018年版）』(2018年，p.115)より作成　元データは日本証券業協会「証券投資に関する全国調査」(平成27年度版)

段となってきた。インデックス・ファンドのような市場指標に追随するパッシブ運用だけでなく，積極的に収益を狙うアクティブ運用の株式投信も増えてきた。専門化が選別した運用を行っているにもかかわらず，市場平均にも及ばないリターンしかあげられないと揶揄されていたアクティブ運用も，ファンドマネージャーの能力次第で高い収益があげられる商品とみられるようになった[5]。

　かつて証券会社の窓口でしか買うことができなかった投資信託は，1998 年から銀行窓口で，少し遅れて郵便局の窓口でも購入可能になった。さらに証券会社や銀行がインターネットを通じた投資信託の販売を強化しており，ますます身近なものとなっている。

　投資信託の普及をさらに後押ししたのが，「貯蓄から資産形成へ」の名のもとに 2014 年に導入された通称 NISA（少額投資非課税制度）である[6]。これは，金融機関に「少額投資非課税口座」を開設すれば，年間 100 万円（2016 年から 120 万円）まで，この口座を通じた投資信託や上場株式等の取引から生じた収益（分配金・配当金や譲渡益）が 5 年間非課税となる制度である。2016 年には，未成年者向けのジュニア NISA が，2018 年には積立型のつみたて NISA が開始された。

(2)　投資信託における情報生産

　アンバンドリングが進んだ投資信託においては，各者の間に情報の非対称性が存在し，3 章で紹介したエージェンシーコストが発生する可能性がある。たとえば運用機関である委託会社は投資家にとって本当に望

---

[5] 個別の投資信託商品の運用実績ランキングは，モーニングスターの HP　http://www.morningstar.co.jp/　で見ることができる。
[6] イギリスの個人貯蓄口座 ISA（Individual Savings Account）の日本版という意味で，ニーサと読む。

ましい運用を行っているのか，販売会社は投資家に適した商品を紹介し勧誘を行っているのか，新規商品への乗り換えを勧めすぎてないか，などの点は常に問題になる。

　関係機関には，誠実義務，忠実義務が課され，様々な禁止行為が定められているが，情報の非対称性を引き下げる何よりも有効な手立ては情報開示である。その基本になるのが投資家に対する情報提供であり，投資信託には金商法と投信法の両方のもとに厳格なディスクロージャー基準が決められている。

　まず受益証券の募集・販売時には「交付目論見書」と「請求目論見書」が，投資信託において最も重要な情報生産者である委託会社によって作成される。前者には投資判断に重要な事項のみが記載され，すべての投資家に販売会社からの事前交付が義務づけられているのに対して，後者にはより詳細な情報が記載され，投資家からの請求があった場合に交付される。前者が投資信託の商品説明書にあたり，表10-2のような内容が記載されている。

表10-2　交付目論見書の主な内容

1．ファンドの目的・特色 　何を目的として，どこに，何に投資しているか。 　ファンドの仕組みはどうなっているかなど。
2．投資のリスク 　価格変動リスク，為替変動リスク，金利変動リスク等， 　商品ごとにどのようなリスクがあるかについて。
3．運用実績 　基準価額や純資産総額の推移，分配金の推移，年間収益率の推移等，投資信託の運用実績について。
4．手続・手数料等 　ファンドの購入単位，購入時の手数料や運用中の運用管理費用（信託報酬），ファンドにかかる税金等，ファンドにかかる諸費用等について。

　出所：投資信託協会HP『投資信託を学ぼう』

　一方，購入後の投資信託がどのように運用され，その結果どうなったのかを決算期ごとに知らせるのが「運用報告書」である。受益者に必ず交付される「交付運用報告書」には，①運用成績，②運用の経過報告（変動要因や投資環境），③今後の運用方針，などの重要項目が記載されている。より詳細な「運用報告書（全体版）」は請求があれば交付されるが，運用会社のホームページ掲載など電磁的な方法で代替されることもある。

(3)　投資信託によるコーポレート・ガバナンス

　投資信託は，集団的投資スキームによって国民の貯蓄資金を証券市場に導き，企業の資金調達につなげる仕組である。証券市場では，適正な価格形成により運用先企業が選別され，効率的な資金配分と資源配分がもたらされ，国民の経済厚生につながることが期待されている。そのためには資金運用者が企業を選別する能力をもち，株式の売買や株主権の行使により企業規律を高めるコーポレート・ガバナンスの担い手となることが求められる。それを果たしてこそ，投資家・受益者に中長期的なリターンをもたらすことができる。

　2014 年「日本版スチュワードシップ・コード」が金融庁から公表され，2017 年に改訂版も作られた。スチュワードシップ・コードは，機関投資家が投資先企業との対話などを通じて，企業価値の向上や持続的成長を促すことにより，顧客・受益者の中長期的な投資リターンの拡大を図る責任を果たすための諸原則を定めたものである。①モニタリング（投資先企業の状況を把握），②エンゲージメント（投資先企業との対話による認識の共有），そして①②をふまえた③議決権行使があげられている。

　投資信託関係機関においてもこの原則を守ることが求められている。

その現れとして，投資信託委託会社（67社）の株主総会における議決権行使状況（投資信託協会「投資信託委託会社における議決権行使アンケート結果」）を見ると，2016年において取締役選任，監査役選任，退職慰労金支給などの議案に反対した比率が，議案全体の16%にも達している。ガバナンス主体としての役割が今後ますます強まると予想される。

参考文献

朝倉智也『はじめての投資信託』学研プラス，2015年
田村威『投資信託　基礎と実務　15訂』経済法令研究会，2018年
日本証券経済研究所『図説日本の証券市場2018年版』日本証券経済研究所，2018年
野間敏克編著『証券市場と私たちの経済』放送大学教育振興会，2015年

11 | 証券化商品とサブプライムローン問題

《**目標＆ポイント**》 新しい金融商品として証券化技術を駆使したものも増え
ている。証券化の仕組みと，それによって投資対象となった代表的な商品の
特徴を学ぶ。また，複雑化した金融の仕組みが新たな問題を生み出している
ことを，サブプライムローン問題を通して知る。
《**キーワード**》 市場型間接金融，資産担保証券，MBS，REIT，サブプライ
ムローン，格付機関，CDS

1. 証券化の仕組みと商品の種類[1]

　前章で説明したように，専門的な金融機関の能力と，競争的な市場の
機能をあわせもった資金循環の仕組みとして，市場型間接金融が広がっ
てきている。前章の投資信託に引き続いて，本章では証券化（流動化）
と呼ばれる市場型間接金融を取り上げよう。

(1) 証券化の基本的な仕組み

　証券化とは，企業や金融機関が保有する資産を裏付けとして新たな証
券（証券化商品）を発行して投資家に売却する仕組みである。原資産と
なるのは企業が保有する不動産，金融機関が保有する住宅ローン債権，
企業向貸出債権などであり，原資産の保有者をオリジネーターと呼ぶ。

　これら原資産をプールして証券化の受け皿となるのが特別目的事業体
（SPV）であるが，証券会社・投資銀行などのアレンジャーが企画・立
案・実施することが多い。SPV は，原資産の代金をオリジネーターに

---

[1] 本章の主要部分は，野間（2015）13 章を加筆修正したものである。

支払うとともに，原資産から得られるキャッシュフローを収益源とした証券を新しく発行し，それを投資家に売却して売却代金を得る。原資産の性質が多様で個別的であっても，新しく発行された証券は金額や期間やリスクの程度が標準化されて，投資家が購入しやすくなっている。

　このような仕組みは，企業や金融機関などに新しい資金調達手段を与える。たとえば各所に不動産をかかえていた企業は，それらを個別に売却するには売却価格が大口で買い手を探す手間がかかるなどの難しさがある。またそれら不動産から得られる収益は将来不確実である。しかし所有不動産がまとめて SPV に売却され証券化されると，原資産保有者は収益の将来不確実性から切り離され，一括して大きな資金調達をすることができる。証券化された商品一枚あたりの金額は多くの場合原資産よりも小口化されるため，広範な投資家から資金を集めることができる。

図11−1　証券化の仕組み

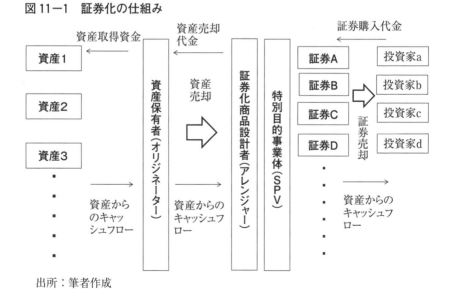

出所：筆者作成

　一方投資家にとっても，企業保有の個別不動産自体を買うことは難しくても，小口化された証券化商品ならば購入しやすい。証券化商品の収益性やリスクも情報が開示されれば，投資家が自分の判断で購入することができる。このように，原資産保有者には新しい資金調達手段を，投資家には新しい運用手段を与えるのが，証券化のメリットである。

　この仕組みにおいて，原資産は企業や金融機関による相対的な取引から発生し，アレンジャーなどの専門的な金融機関が貸し手と借り手とを結びつける役割を果たし，そこに競争的に多数投資家が参加する証券市場の機能が活用されている。まさに市場型間接金融である。

(2)　主な証券化商品

　証券化商品は，裏付けとなる資産の違いや，発行される証券の違いによって，いくつかの種類に分けられる。主要なものでは，不動産（および不動産担保債権）を原資産とする証券化商品として，住宅ローン担保証券（RMBS），商業用不動産担保証券（CMBS）があげられる。そして投資信託のところで登場した不動産投資信託（REIT）も証券化商品の一種である。

表11－1　主な証券化商品

原資産	オリジネーター	証券化商品
住宅ローン	銀行，住宅ローン専門機関	住宅ローン担保証券（RMBS）
商業用不動産担保債権	事業会社，銀行その他	商業用不動産担保証券（CMBS）
不動産	投資法人など（運用，保管，受託の委託）	不動産投資信託（REIT），投資証券
売掛債権など	事業会社	資産担保証券（ABS）

　出所：日本証券経済研究所『図説日本の証券市場（2018年版）』(2018年：p. 147) から抜粋

　たとえば RMBS の場合，図 11-1 に示した左側の資産 1, 2, 3 には住宅ローンを借りた人たちへの住宅ローン債権があてはまり，オリジネーターは住宅ローン会社や銀行である。そして特別目的事業体は会社形式の特別目的会社（SPC）となることが多い。1970 年代に米国で開発されたモーゲージ担保証券（MBS）は，資産を担保にした証券の先駆けであり，日本でも，住宅金融支援機構（旧住宅金融公庫）が住宅ローン債権をもとに証券化ビジネスを積極的に行っている。さらに，証券化商品を組み合わせて，あらたな証券化商品に組成し直す再証券化も行われ，その代表的な商品は債務担保証券（CDO）と呼ばれる。

(3)　証券化商品市場の動向

　日本で証券化商品が発行され始めたのは 1970 年代からであるが，本格化したのは 1998 年の金融ビッグバンの一環で資産の流動化に関する

図 11-2　証券化商品残高の推移（年度，兆円）

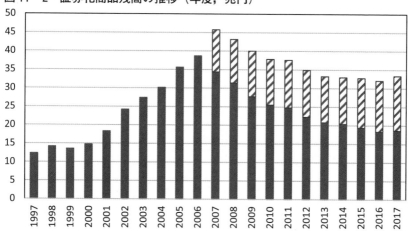

出所：日本銀行「資金循環統計」「証券化商品残高」より作成

法律が成立し，特別目的会社の設立が認められてからである。日本銀行
の『資金循環統計』における「債権流動化関連商品」と合わせて 2007
年度から公表されている「証券化商品」をみれば，残高の推移が分かる
（図 11−2）。

　この図によると，2000 年代に入って証券化商品の残高が急速に増加
し，2007 年度にピークの約 46 兆円となった。先述したメリットが評価
され，発行が増加したためと思われる。ただし個人による保有はなく，
証券化商品は金融機関などプロの投資対象である。

　増加し続けていた証券化商品は，2008 年度に減少に転じた。いうまで
もなくこれは，後述するサブプライムローン問題がアメリカで発生し，
日本においても証券化の負の側面が理解され始めたためだと思われる。
その後下げ止まって，わずかながら増加するきざしが見える。

　そのような中，日本で着実に増加を続けているのが公的金融機関であ
る住宅金融支援機構が発行する機構債券（通称）である。以前は住宅金
融公庫という名称で住宅ローンを行う機関であったが，いまや直接融資
する対象は限定されている。その代わりに中心業務となったのが民間住
宅ローン債権の証券化であり，それによって民間金融機関と提携して作
られた商品が，長期固定金利住宅ローンの「フラット 35」である。

　その仕組みは図 11−1 で解説された証券化そのものであり，住宅金融
支援機構がアレンジャーの役割を果たし，民間金融機関の住宅ローン債
権を買い取って，それを担保に MBS（機構債券）を発行して，投資家
に売却している。機構債券は，日本の証券化商品市場の 4 割近くを占め
る最大の商品であり，格付けは高く，国債，政府保証債に次ぐ安全資産
として，金融機関や法人企業などの大規模投資家に保有されている。

2. 証券化商品市場の工夫と危うさ

(1) 証券化商品の優先劣後による内部信用補完

　証券化商品が競争的な市場の機能を活かしたものであるためには，その商品の情報が透明公正に開示され，投資家が自分たちのニーズに合わせて投資判断できる環境が整えられてなくてはならない。特に証券化の場合，商品のディフォルトリスクとして，原資産からキャッシュフローが得られなくなるリスクに上乗せして，途中に関与するオリジネーターやSPVが破綻するリスクも考慮しなければならない。

　そのため，証券化商品の信用を補完する様々な手法が開発された。大きく分けると，外部の金融機関の信用力を利用した外部信用補完と，発行する証券の作り方に信用補完機能をもたせる内部信用補完とがある。後者では，原資産のプールを全く同じ証券に分割するのではなく，優先劣後関係によってランク付け（トランシェ）した数種の証券を発行する手法がとられた。つまり優先順位が低くリスキーだが高リターンの証券を合わせて発行することによって，優先順位が高く安全性の高い証券も発行できるという考え方である。典型例として，後述するサブプライム問題においては，住宅ローン債権を原債権に，返済順位の高い順にシニア，メザニン，エクイティの三種の証券が発行された。

(2) 証券化商品の外部信用補完

　外部信用補完の手段としては，SPVに売却したあとも，オリジネーターに返済責任の一部を負わせる（リコース）手段や，銀行による保証，損害保険会社との保険契約などが考えられる。格付会社から格付を得ることも信用補完に役立つが，サブプライム問題の拡大に大きく関与していることから，次節であらためて取り上げる。

　外部信用補完の手段として広まったのがCDS（クレジット・デフォルト・スワップ）である。ある企業の発行した証券を保有した投資家が，この企業（参照機関）のディフォルトリスクを避けるために掛けた保険の一種で，一定の保険料（プレミアム）を支払うかわりに，ディフォルトが起きたときには保険金を受け取ることができる仕組みであり，証券保有者のリスクが，この取引によってCDSの売り手に移転される。保険の受け手となるのは保険会社だけでなく，証券化に関わる投資銀行がCDSの売り手にもなるなど，様々な主体がこのCDSを売買した。

　しかも通常の保険とは異なり，証券を保有してない主体までも，CDSの買い手となることができた。当該企業の発行証券はもってないのに，保険料と引き替えに対象企業がディフォルトしたときに保険金（プロテクション）が受け取れるような契約である。このとき，保険料はこの企業のディフォルトに掛けるギャンブルの掛け金とみなすことができ，ディフォルトによって払われる保険金は，ギャンブルに勝ったときの懸賞金あるいは払戻金にあたる。

(3)　OTCマーケットの透明性

　これらの証券化商品の取引やCDSの取引は，公正透明なルールに縛られた公開市場ではなく，専門家同士の相対（あいたい）的な場で実行されることも多かった。これらのOTCマーケットに対する規制は次節で紹介するサブプライムローン問題の時にはほとんどなく，規制があっても緩いものであった。そのため，同じ商品でありながら異なる条件で売買され，売買価格などの情報は必ずしも公開されなかった。証券化関連取引のこのような特徴は，市場型間接金融の公正透明な市場機能に反するものと言える。

3. サブプライムローン問題

(1) 概略

2008年9月のリーマンショックを象徴的なイベントとするサブプライムローン問題（サブプライム問題）は，まさに証券化商品の問題点が明らかになった事件であった。

サブプライムローンとは，過去に破産経験のあるようなレベルの，信用度の低い者向けへの住宅ローンをさす。延滞率が非常に高く，2003年以前にはほとんどローンが供与されていなかったが，2003〜05年にかけてアメリカで急増し，同時に住宅価格・地価のバブルが生じた（図11－3）。急増した大きな理由は，サブプライムローンを原資産に含んだ住宅ローンの証券化や再証券化が進んだためである。住宅ローン会社はサブプライムローン債権を投資銀行・SPVに売却することができるため，積極的にローンを増やしていった。住宅価格の上昇は担保価値の増加を

図11－3　住宅価格指数の変化率（四半期，前年同期比）

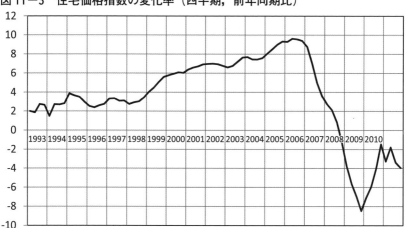

出所：Federal Housing Finance Agency, Home Price Index より作成

意味するから，借り手も担保を売却すれば返済は容易だと考えた。

　しかし 2006 年には住宅価格にかげりが見えはじめ，ローン延滞者が増え始めた。そして 2007 年には住宅ローンの債務不履行が増加し，不良債権を抱えた住宅ローン会社が倒産した。そして，サブプライムローンを含んだ住宅ローンの証券化にたずさわっていた投資銀行ベアスターンズ社が経営危機に陥った。

　ここまではアメリカ国内の，住宅ローン関係の金融問題にすぎない。ところが住宅ローンの証券化には銀行，投資銀行，保険会社，格付機関など，多くの主体が関わっており，2008 年にリーマンブラザーズが倒産した時には，この問題の深刻さが幅広く理解されていた。かつて住宅ローンと関係の薄かった金融機関も含めて，アメリカの金融システム全体に危機が広がった。そして証券化・再証券化された商品は，米国のみならず欧州の機関投資家などにも保有されており，不良債権を抱えた金融機関の危機につながった。欧米の金融危機にも飛び火したのである。

　さらに，金融機関の経営危機が頻発すると，連鎖的に被害を受けることを警戒し，どの金融機関がどの程度危ないのかを測りかねて，互いに疑心暗鬼になる。インターバンク市場では，利子にリスクプレミアムが上乗せされ，取引量が急減した。それによって資金フローが滞り流動性不足に陥って，さらに危機が深まった。

　金融機関の融資や証券購入が減少し，事業会社にも流動性危機が及ぶようになると，実体経済への悪影響が顕著に現れ，欧米は不況に陥った。サブプライム関連商品への関与が浅く金融危機とは無縁に思えた日本も，欧米への輸出や中国への輸出が減少し，不況にまきこまれた。アメリカの一部金融問題どころではなく，世界同時不況に拡大したのである。

(2) 日本のバブルとの比較

　サブプライム問題には，9章で取り上げた日本のバブルとよく似た面がある。まずこの問題を生じた原因として，金融機関による野放図な貸出がある。日本の場合は土地担保に偏った貸出，アメリカの場合はサブプライムな層に対する住宅ローンである。いずれの場合も，土地住宅価格のバブルを生み出し，バブル価格で担保価値が高まりますます貸出が膨らんだ。

　また，銀行等の貸出増加は，中央銀行による金融緩和があったからだという点も，共通している。日本の場合はプラザ合意，円高不況後の超金融緩和であり，サブプライム問題の場合は，ITバブルの崩壊と9.11テロによる不況を避けるための金融緩和が背景にあった。そしてバブルの結果，崩壊後に不良債権が積み上がり，金融機関の倒産に結びつき，金融危機から経済危機に至ったところも，よく似ている。

　しかしながら，日本のバブルと違う点もいくつか見られる。まず，この問題が発生したのは，銀行や住宅ローン会社のような相対的な金融機関からというよりも，巨額の証券化商品が発行・売買されるようになった証券市場からであった点である。投資銀行による証券化という金融技術およびCDSなど信用補完の仕組みも，証券市場のなかで膨張していった。そのため，関与する金融機関の数，規模，範囲なども日本のバブルに比べて格段に広く，国境を越えて世界の金融市場や世界経済へ，この問題の被害は拡大していった。

(3) 誰が悪かったのか

　サブプライムローンの借り手は，延滞履歴どころか破産履歴まであるような人々であった。それでいて住宅ローンを借りようとした人々を責めることはできないだろう。住宅ローン会社が，彼らに対して，当初金

利ゼロで借りやすいローンを提供したり，住宅価格の値上がりを見越して積極的に貸し付けたりしたからである。住宅ローン会社は金融機関の最大の機能である審査機能を十分果たさず，サブプライムローンは不良債権化し，多くの住宅ローン会社が倒産した。

　そのように安易な貸出をした最大の理由は，住宅ローン債権を投資銀行などのアレンジによって SPV に転売して資金を得ることができたからである。一部はオリジネーターの責任としてリスクを負い続けた（リコース）が，すぐ転売して大部分のリスクを回避することができれば，審査が甘くなって当然だろう。

　なぜ投資銀行は次々とローン債権を買い取り証券化したのだろうか。それは，証券化商品を買う投資家がおり，比較的有利な条件で商品を売却できたからである。なぜ売却できたのかをふり返ると，格付機関から高格付が与えられ，保険会社や CDS によって信用補完されていたからである。

(4)　格付と保険

　ムーディーズ，S&P を代表とする格付機関は，事業会社が発行する社債の格付けと同様に，証券化商品の将来にわたる弁済可能性を，AAA,BB などの簡単な記号で表した[2]。投資家は，格付けに基づいて証券化商品の安全性を評価し，投資した。発行時だけではなく，その後弁済可能性が大きく変化したときには，格下げあるいは格上げが実施され，投資家に速やかに伝達されることになっていた。しかし後から振り返れば，弁済可能性が低いものにまで発行時 AAA が付けられ，発行後に状況変化があっても格下げされることはなかった。

---

[2] サブプライム問題における格付機関の役割と問題点は，鹿野・野間（2012）に詳しい。

　格付けはあくまでも参考意見と位置づけられており，最終的な投資判断は投資家の自己責任である。したがって仮に格付けが正しくなかったとしても，格付機関が責任を問われることはない。しかし，格付機関に手数料を払って格付を依頼するのは，証券化商品を作り出した投資銀行である。格付の依頼を受けたい格付機関が，投資銀行の方を向いた格付を実施することは当然予想されるだろう。証券市場という公共性をもった場において中立的な情報発信が求められる機関でありながら，証券化商品市場においてはそうではなかったのである。

　長い歴史をもつ社債市場であれば，発行した企業の財務情報をはじめ多くの情報が幅広く誰にでも利用可能である。したがって格付機関による格付は金融市場から厳しくチェックされ，誤った格付を行っていると，格付機関に対する信頼が薄れてしまう。それに対して証券化商品の場合，原資産の詳細や証券の具体的な仕組みについての情報が開示されないため，第三者が商品の信用リスクや格付けの妥当性を検証することは困難となっていた。たとえば原資産にサブプライムローンを含んだ商品であっても，投資家は見抜くことができないのである。再証券化商品として再組成されるとますます分からなくなる。

　CDS は保険の一種とはいえ OTC 取引中心の特殊な保険である。通常の保険であれば，契約をすれば保険料を保険契約準備金として積み立てることが義務づけられる。ところが CDS においては，準備金の積立が特に求められていなかった。そのため，CDS の発行者は，証券化商品のリスクが分かりにくいにもかかわらず，保険料にあたる手数料を目当てに保険を受けたとみられる。結果として，急増した証券化商品の中には，返済順位の低いものだけでなく，中位以上の商品にも延滞や破綻が発生し，CDS の発行者は巨額の損失を負うことになった[3]。

---

[3] CDS を大量に発行していた会社のひとつが大手生命保険会社である AIG の子会社であり，巨額の損失によって AIG も経営破綻危機に陥り，激しい議論の末，政府によって救済された。

(5)　アンバンドリングの功罪

　証券化商品は，新しい資金調達手段や運用手段を与える革新的な仕組みである。専門機関による高度な金融技術が発揮され，競争的な証券市場の活用も期待できる仕組みであった。しかしその仕組みは複雑で，多くの主体が関与する。原資産を作り出すオリジネーター，証券化を実行するアレンジャー，証券化商品の販売者，それを購入する投資家，保険会社，格付機関，そして回収を専門とするサービサーなどである。それぞれの主体が専門業務に特化して機能する，まさに金融のアンバンドリングが進んだ仕組みである。

　それによって，各機能は効率的に行われるかもしれないが，各主体間で情報の非対称性が避けられず，エージェンシー問題が発生する。各所に利益相反が存在し，誰もがモラルハザードに陥りやすいのである。分化された各機能が発揮されたとしても，それが他者の利益とは相容れないとき，全体として金融仲介，リスク配分，流動性供給が果たされていることを誰が保証するのだろうか。

　銀行中心のシステムにおいても証券市場中心のシステムにおいても，そして投資信託や証券化のような市場型間接金融においても，資金の融通が行われるには情報生産が最も重要な機能である。ところがサブプライムローン問題を生み出した当事者を見わたすと，誰も責任をもって情報生産を担えていなかったことが分かる。証券化という新たな資金調達・運用の仕組みに関わるすべての主体がサブプライム問題に荷担していた，とさえ言えるかもしれない。

4. 金融規制・監督の変更

　本章や 10 章で見たように，市場型間接金融は，相対的な専門金融機関の関与と市場機能の活用という特徴を合わせ持ち，金融システムにおいて重要性を増す必然的な理由がある。問題は，それらを正常に働かせるような制度的な仕組みが，サブプライムの時には整っていなかったという点である。特に投資銀行に対する監督体制が不備であったことが指摘されている。

　リーマンショックを契機として生じた金融市場の混乱および世界同時不況への対応を目指して，2008 年 11 月，ワシントンにおいて「金融・世界経済に関する首脳会合（G 20）」が開かれ，サブプライム危機の原因と採るべき政策措置に関する宣言が公表された[4]。この宣言では，「高い成長が続いた期間に市場参加者がリスクを適正に評価することなく高利回りを求めたことに加えて，証券化商品の引き受け基準が易きに流れたこと，不健全なリスク管理慣行，複雑で不透明な金融商品といった事情が重なって生じた過度のレバレジが金融システムを脆弱にした」ことが金融危機の根本原因として指摘された。

　このほか，先進諸国の政策立案者や規制監督当局が金融市場において積み上がっていたリスクを適切に評価のうえ対処することを怠ったこと，金融取引に関わる規制監督が金融革新のスピードに対応できなかったこと，さらには各国での規制行為が世界全体としての金融システムにもたらす影響を考慮しなかったことも，危機の原因とされている。

---

[4] 先進 7 カ国から始まった G 7 は，ロシアや新興国を加え 1999 年には G 20 も開かれるようになった。2008 年から「金融・世界経済に関する首脳会合（金融サミット）」と呼ばれるようになった。議論の概要や声明文は外務省 HP　https://www.mofa.go.jp/mofaj/gaiko/g20/参照。

　このような問題認識を受けて，各国とも遵守すべき金融システム改革の基本的な方向性として，①金融商品に関わる透明性および説明責任の向上，②健全規制の適用範囲の拡大，③金融市場における公正性の促進，④国際連携の強化，⑤国際金融機関の改革，という 5 つの共通原則が挙げられた。そして，上記の 5 原則達成のために実施すべき当面の措置や，それ以降に実施されるべき中期的措置などが盛り込まれた。

　その後，各国金融当局は金融機関や金融取引に対する規制を強化する方向に動いた。問題の発火点となったアメリカでは，グラス＝スティーガル法以来の銀行証券の分離を緩和した 1999 年のグラム＝リーチ＝ブライリー法が投資銀行の暴走を許したとして問題視された。2010 年にはドット＝フランク法（金融規制改革法）が成立し，金融システムの透明性や健全性を改善するために，規制機関の統廃合や創設などが決定された。「大きすぎてつぶせない（too big to fail）」ような事態や「税金による救済（bail out）」を避けるために，システミック・リスクをもたらすような金融組織に対する監視を強化し，高度な事前警戒システムを構築することが目指された[5]。

　ボルカー・ルールと呼ばれる，預金を取り扱う銀行が自己勘定取引を行うことを禁じる提案も含まれていた。ただし，当初提案では銀行の自己勘定取引を全面的に禁止し，銀行と証券（投資銀行）の分離に戻る方向が示されていたが，その後上下両院の調整を経て緩和され，自己資本の一定割合までは自己勘定取引が許された。

　サブプライム問題によって，各国の金融規制を見直すだけでは足りな

---

[5] 2011 年のアメリカでは「ウオール街を占拠せよ」と呼ばれるデモが拡大した。サブプライム問題で悪質だった金融機関まで救済されたこと，救済された金融機関の経営陣が高額の報酬を取り続けたこと，規制強化が不十分であること，などを批判する若者が多く参加した。

いことが明らかになった。世界の金融システムのつながりが強まっていることが再認識されたからである。現代の金融規制は，BIS（国際決済銀行）やIOSCO（証券監督者国際機構）のような国際機関で議論されるようになっている。また，国際的な金融の仕組みを，銀行，証券，保険その他にまたがって，包括的に協議する国際機関として，金融安定理事会（FSB Financial Stability Board）が2009年に発足した。その後新たな危機の発生やフィンテックの発達などによって，金融規制は常に見直しを求められており，次章以降でもしばしば取り上げられる。

参考文献

グレゴリー・ザッカーマン著，山田美明訳『史上最大のボロ儲け－ジョン・ポールソンはいかにしてウォール街を出し抜いたか－』阪急コミュニケーションズ，2010年

鹿野嘉昭・野間敏克「サブプラ危機と格付け会社」『アメリカ研究』同志社大学アメリカ研究所，2012年

日本証券経済研究所『図説日本の証券市場　2018年版』日本証券経済研究所，2018年

野間敏克編著『証券市場と私たちの経済』放送大学教育振興会，2015年

ヘンリー・ポールソン著，有賀裕子訳『ポールソン回顧録』日本経済新聞社，2010年

12 | デフレと非伝統的金融政策

《**目標＆ポイント**》　日本では，バブル崩壊後の景気低迷とデフレに対して，ゼロ金利政策，量的金融緩和政策と呼ばれる非伝統的な政策がとられていた。欧米諸国でも，リーマンショック後の金融危機，世界経済危機に対して，非伝統的な政策がとられた。それらの政策の内容とねらい，効果などについて学習する。
《**キーワード**》　デフレ，流動性の罠，ゼロ金利政策，量的緩和政策，信用緩和政策，プルーデンス政策

1．バブル後の日本経済と金融政策

(1)　日本経済の低迷とデフレの発生

　9章で詳しく述べたように，バブル崩壊後の日本経済では，不良債権問題が深刻化して金融危機が生じ，銀行の信用創造，つまり貸出の目安である貨幣乗数が大きく低下した。実体経済では経済成長率が下がり，四半期データで1993年からGDP成長率がマイナスを記録するようになり（図12-1），年率では1998年に石油ショック以来の実質マイナス成長を記録した。そしてまた，1990年代前半までは名目成長率が実質成長率よりも高かったが，90年代後半から，名目成長率がしばしば実質成長率を下回るようになる。実質成長率は名目成長率からインフレ率を差し引いた値だから，インフレ率がマイナスになり始めたことを意味する。

　図12-2には，バブル崩壊後の消費者物価指数の変化率が描かれてい

図12−1　1990年以降のGDP成長率（四半期）

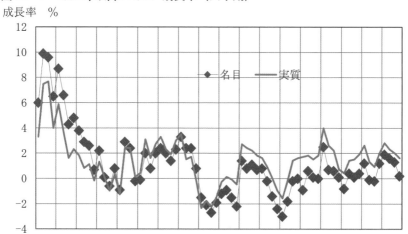

成長率　％

出所：内閣府「国民経済計算」より作成

図12−2　1990年以降の消費者物価指数変化率（前年同月比）

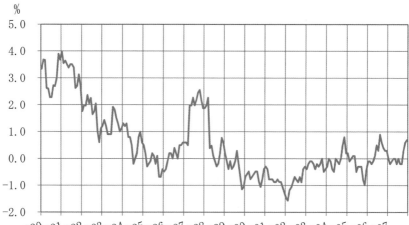

％

出所：総務省統計局「消費者物価指数」より作成

る。1994, 95 年にマイナスになり始めたが，この時期はまだすぐにプラスに戻っており，マイナスが継続したわけではない。BIS，IMF，内閣府などでは，「少なくとも 2 年間の継続的な物価下落」をデフレーション（デフレ）と定義しているので，この段階ではまだデフレとは呼べない。「継続」に注目すると，わが国のデフレの発生は 1999 年からで，2006 年半ばまで続いたとみなされる。2006 年後半に一旦デフレから脱したが，その後 2009 年から再度デフレと判断されるようになった[1]。

(2)　デフレの問題点

　デフレの何が悪いのか。インフレより良いという人も多く，特に年金生活者など名目金額が固定された所得を得ている人は，年金の実質額が高まるから物価下落は大歓迎だろう。働いている現役世代も，もし給料などの名目所得が下がらないなら，デフレによって実質所得は増加する。だが，日本経済を支え，それによって財政や社会保障を支えている現役世代や企業にとっては，デフレがいくつもの弊害をもたらす。

　まず金融市場において，デフレは過去の借金の実質価値を高め，借り手の負担を増大させる。過去の借金は名目で固定されているため,100 万円の借金も物価が半分になれば実質価値は倍増する。バブル期に銀行借り入れで設備投資した企業や，住宅ローンでマイホームを購入した家計は，デフレにより返済金額の実質価値が増大した。一方で資金の貸し手である金融資産保有者は，デフレによって資産価値が増大するので，デフレをめぐって貸し手と借り手の利害は対立する。名目金額がほぼ固定された年金で生活しながら金融資産保有が多い高齢者と，景気・業績

---

[1] 内閣府『財政経済白書 2012 年』コラム 1-3「デフレ判断について」参照。デフレは本来物価の動きだけで定義されるが，不景気やその他の現象を含めてデフレと呼んでいる論者もいて，一般にもそう理解している人が多い。

によって変動する給与所得で生活しながら住宅ローンを背負った現役世代とでは，デフレへの評価は真逆になってしまう。

　新規の借入においても，借入の実質利子率はデフレによって高まる。実質成長率のところで紹介した関係式と同様に，実質利子率は名目利子率からインフレ率を差し引いた値であるから，名目５％の借入利子率も，デフレになって物価が３％下落すれば実質８％の負担となる。借り手は，デフレによる実質負担増を警戒し，借りにくくなるのである。

　デフレが景気の悪化と悪循環を生じ始めたとき，それは「デフレスパイラル」と呼ばれ，日本経済を深刻な状況に陥らせる。そのメカニズムは，物価下落により企業の売上高と利益が減少すると，コスト削減のために賃金が引き下げられ，それによって消費が低迷し，さらなる物価下落と売上高の減少に結びつくというものである。図12－1と図12－2を見比べると，1999年から2000年代始めにデフレスパイラルが生じていた可能性がある。就職氷河期と呼ばれた時期であり，不良債権額が膨らんだ時期でもあった。

　中長期的な経済成長に対しても，デフレは悪い影響をもつ。成長が見込めない劣位産業から成長を牽引する優位産業への資源移動を，デフレが妨げるからである。というのも，インフレの時であれば，全体として物価や賃金が上がる中，優位産業の方が大きく上がり，劣位産業では上がらないという差が生まれる。その差によって，労働者が優位産業に移動し原材料，エネルギー，資金なども移動が促される。ところがデフレの時には，全体として物価や賃金が下がり，優位産業と劣位産業との差によって資源が移動するためには，劣位産業の価格や賃金が大きく下がらねばならない。しかし，いかにデフレ時代の劣位産業であっても，価格や賃金が極端に下がることは起こりにくい。そのため，本来もっと大きく開くべき優位産業との差が，デフレの時にはインフレの時ほど開か

ず，資源移動が滞ってしまうのである。

(3)　デフレの原因と 90 年代の金融政策

　デフレの原因については，大きく分けて 2 つの見方がある。1 つは，財の総供給が総需要を上回る超過供給あるいは需要不足の状態にあるから，というものである。総供給が多すぎる原因としては，バブル期の活発な設備投資により供給能力が過剰になっている点や，中国等からの輸入増加があげられ，総需要が過小な原因としては，バブル崩壊後に設備投資が低迷している点，家計消費が低調である点，そして財政支出が抑制されていた点などがあげられる。このうち財政支出は，バブル崩壊後の景気対策として何度も発動されたが効果は薄かった。財政の景気浮揚効果を表す財政支出乗数（ケインズ乗数）が下がっていたからだろう。また，橋本内閣の時期に消費税率が引き上げられ，赤字国債を毎年削減させる財政構造改革法が成立したことは，総需要を引き下げる要因となった。加えて 1997, 98 年は日本で金融危機，アジアで通貨危機が深刻化していた。

　需要と供給に基づくこのような見方に対して，貨幣量に注目する経済学者からは強い批判があった。中国からの輸入増加が典型例であるが，上であげられたデフレ原因の多くは，特定の商品や特定の産業の価格を低下させ，他商品や他産業に対する「相対価格」を変えるかもしれないが，すべての財・サービスを網羅した「物価」を下げる原因ではないと言うのである。物価とは，貨幣量と財サービス取引総量とのバランスによって決まるものであり，物価が継続的に下がるデフレの原因は貨幣供給が不足し続けている点にあるというのが，彼らの主張であった[2]。

---

[2] 後に日本銀行副総裁に着任した岩田規久男（2001）など，貨幣供給の増額を求めるリフレ派と呼ばれる経済学者たちが主張した。

図 12－3　バブル崩壊後の金融政策

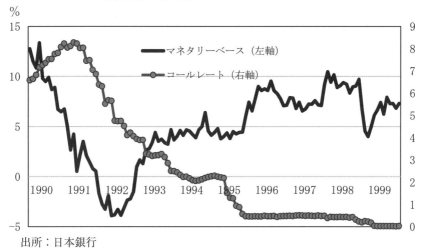

出所：日本銀行

　それでは日本銀行は貨幣供給を怠っていたのであろうか。図 12-3 に
は，マネタリーベースの変化率とコールレートが描かれている。マネタ
リーベースはバブル崩壊時に急速に引き締められた結果, 1992 年にはマ
イナスの値となっているが，その後増加率を高め 1998 年には約 10% 増
加している。10% 超が続いていたバブル期には少し及ばないものの，
常識的には，十分金融緩和をしていると言ってよい。

　コールレートは, 1991 年から低下を続け, 1995 年には 1 % を下回
り, 97, 98 年には 0.5% 台から 0.4% 台にまで低下した。バブル時の最
も金融緩和が進んでいた時でも 4 % 台であるから，その 10 分の 1 であ
る。つまり貨幣量ではバブル期と同じ程度，金利ではバブル期よりもは
るかに金融緩和していたのである。伝統的な金融政策の考え方では，こ
れによって景気は良くなり物価は上がり，デフレには陥らないはずだっ
た。そうならなかったのは，貨幣の流れに異常事態が発生していたから
であり，それが非伝統的金融政策をもたらした。

2. ゼロ金利政策と量的金融緩和政策

(1)　貨幣の流通速度低下と流動性の罠

　貨幣の機能が交換手段，価値尺度，価値貯蔵にあること，中でも一般受容性のある交換手段が最も本質的な機能であることを,5 章で詳述した。家計や企業に保有され使用されている貨幣は，取引ごとに交換手段として取引金額分の支払いを仲立ちする。1 万円の貨幣が 1 万円の購入に一度使われるだけでなく，さらにもう一度と何度も使われるうちに,1 万円の貨幣が取引を仲介する経済活動は増大する。

　その関係を表したものは数量方程式と呼ばれ，以下のように表される。P は物価，M は貨幣量であるマネーストック，Y は年間経済取引額として GDP，そして V は貨幣が年間に何回取引を仲介したかを示す流通速度（回転速度）である。

$$MV = PY$$

この式を変形させると

$$P = MV／Y$$

となり，もしも V や Y の値が変わらなければ，M を増やせば P が上昇する関係にある。このような考え方を貨幣数量説と言う。

　ところが，$V＝PY／M$ によって計算される貨幣の流通速度は，図 12－4 で示されているように 1990 年代に急落していった。同じ金額の貨幣が発行されていても，経済取引を仲立ちする回数が少なくなった，つまり貨幣が企業間や人と人との間で流通しなくなったのである。

　さらに,1995 年にはコールレートが 1 ％ を下回るようになり短期金利がゼロに近づくと，中長期金利が低下して国債や社債のような金融商品の魅力が薄れ，貨幣である現預金への需要が著しく増加した。

　貨幣に対する需要が異常に強まる現象は「流動性の罠」と呼ばれる。

図12－4 貨幣の流通速度低下

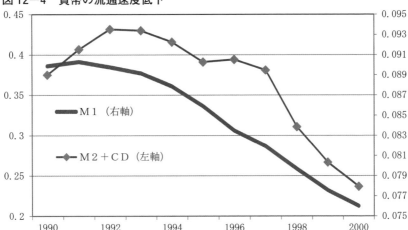

出所：日本銀行「マネーストック統計」内閣府「国民経済計算」

そのような状態に陥った時には，貨幣供給を増やしても貨幣需要に吸い込まれるばかりで，債券需要に回らず，債券価格は上がらず，利子率も低下しない。つまり伝統的な金融政策の波及経路が切断され，金融緩和政策が効かなくなる。

　ノーベル賞経済学者のクルーグマンは，1998年の論文で，日本が流動性の罠に陥っていることを指摘し，伝統的な考え方では金融政策は無効になるが，金融政策にもまだできることがあると提言した[3]。現在の金融緩和よりも将来の金融緩和を約束することによって，将来インフレが起きると皆に信じ込ませることができれば，実質利子率が下がり，経済を刺激することができるというのである。信じてもらうためには日本銀行がインフレ目標を掲げ，目標の実現にコミットすることが必要であると主張した。デフレ期待を払拭し，インフレ期待を生み出すことが重要なのである。

[3] Paul Krugman, "It's Baaack! Japan's Slump and the Return of the Liquidity Trap", http://web.mit.edu/krugman/www/bpea_jp.pdf

(2)　ゼロ金利政策の発動

　1999 年 2 月 12 日の金融政策決定会合で，日本銀行は「より潤沢な資金供給を行い，無担保コールレート　（オーバーナイト物）を，できるだけ低めに推移するよう促す」ことを決定した。いわゆるゼロ金利政策である。1 月のコールレートは 0.22% だったが，2 月 0.07，3 月 0.02 と低下し，4 月に 0.01% と限りなくゼロに近づいた（図 12－5）。

　公表資料やその後の総裁講演をみると，次の 2 点がそれまでの政策と違うゼロ金利政策の狙いとして上げられている。1 つは金融システム不安解消のためのマクロ政策であるという点である。1998 年に金融機能健全化法・再生法が成立し，不良債権処理を進めようとした金融行政を，ゼロ金利により銀行利益を確保させることで支援しようとしたものと考えられる。

　もう 1 つは，それまでの操作目標である短期金利に加えて，長期金利

図 12－5　ゼロ金利・量的緩和時の金利

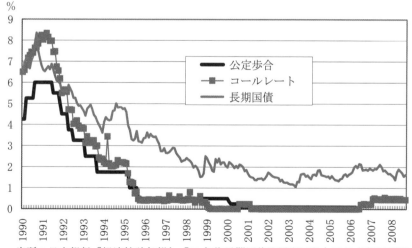

出所：日本銀行『経済統計年報』，「10 年物長期国債流通利回り」は日本相互証券（元データ）。

を低下させるための金融政策であると明言された。長期金利は，現在の
短期金利と将来の短期金利予想によって決まってくるため，金利予想の
重要性が強調されている。決定会合からは「日本銀行は，歴史的にも世
界的にも類例のない思い切った金融緩和政策を講ずるとともに，この政
策を「デフレ懸念の払拭が展望できるような情勢になるまで」続けるこ
とを明らかにしています」と，緩和政策を継続するとのコミットメント
が示された。このような，将来予想に明示的に働きかけるような政策
は，当時「時間軸効果」と呼ばれた。

　ゼロ金利政策は1年半あまりで解除されたが，解除に反対する意見は
多かった。この時の決定会合に出席していた政府代表者は，ゼロ金利解
除を延期する案を提出したが，否決された[4]。早すぎるゼロ金利政策解
除は日本の景気を悪化させ，すぐに一段と強力な金融緩和政策がとられ
ることになった。

(3)　量的金融緩和政策

　2001年3月19日の決定会合で，主たる操作目標がコールレートから
日本銀行当座預金（日銀当座預金）残高に変更され，「当面，日本銀行
当座預金残高を,5兆円程度に増額する（最近の残高4兆円強から1兆
円程度積み増し）。この結果，無担保コールレート（オーバーナイト物）
は，これまでの誘導目標である0.15％からさらに大きく低下し，通常
はゼロ％近辺で推移するものと予想される」と，ゼロ金利に戻すばかり
でなく日銀当座預金の増額が提示された。いわゆる量的金融緩和政策
（量的緩和）である。

---

[4] 7章で紹介されたように，決定会合は9人の政策委員によって議決され，政府から
の独立性が保たれている。ただし政府代表者が出席し意見を述べ，議案を提出する
ことや議決の延期を提案することはできる。

図 12-6　日銀当座預金残高の推移

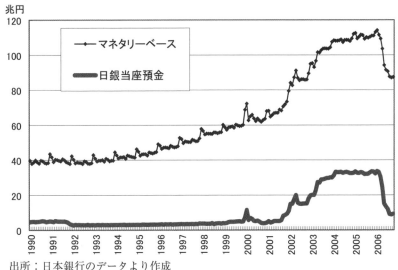

出所：日本銀行のデータより作成

　その後日銀当座預金の操作目標はさらに増額され，図 12-6 から読み
取れるように，2004 年には 35 兆円にまで膨らんだ。日銀当座預金と現
金の合計であるマネタリーベースもそれにともなって 110 兆円を超える
まで増加した。

　量的緩和政策では「時間軸効果」が強化され，公表時には「実施期間
の目処として消費者物価を採用」し，「消費者物価指数（全国，除く生
鮮食品）の前年比上昇率が「安定的にゼロ％以上となるまで」継続する
こととする」と約束された。ゼロ金利政策の時に比べて，緩和政策の出
口が具体的に提示されたことが分かる。

(4)　ゼロ金利・量的緩和の解除

　日本の非伝統的金融政策は，まず量的緩和を縮小し，その後にゼロ金

利を止めプラス金利に誘導するという順番で，解除されていった。量的緩和を終えたのは 2006 年 3 月で，「無担保コールレート（オーバーナイト物）を，概ねゼロ％で推移するよう促す」とされた。その 4 ヵ月後に「無担保コールレート（オーバーナイト物）を，0.25％ 前後で推移するよう促す」として，ゼロ金利政策も出口を迎えた。

　ゼロ金利・量的緩和に対しては，高く評価される面もあるが不十分な面もある[5]。まず金融システム不安の解消には，間違いなく貢献した。不良債権処理に苦しんでいた銀行は，ゼロ金利で調達した資金を国債に運用することで利ざやを確保し健全化を進めることができた。また，低金利政策は円安をもたらし，輸出の増加によって総需要が増加し日本の景気を改善した。

　だが，デフレについては図 12-2 を見れば分かるように解消にいたらなかった。クルーグマンが金融政策の有効性のために重視していたインフレ期待を形成することができなかったからである。歴史上，大量の貨幣発行がインフレにつながった例はいくらでも見いだせる。第一次世界大戦後のドイツや第二次世界大戦後の日本などが典型である。しかし現代の日本で，異常な金融緩和の継続がインフレにつながるということを，皆に信じ込ませることはできなかった。単純な貨幣数量説では誰も納得できなかったのである。クルーグマンなど有力な経済学者が，インフレ期待の形成のために有効だと推奨したインフレ目標政策は，もしかしたら皆の期待を動かせたかもしれないが，この時期の日銀には採用されていなかった。

---

[5] 宮尾（2016）参照。

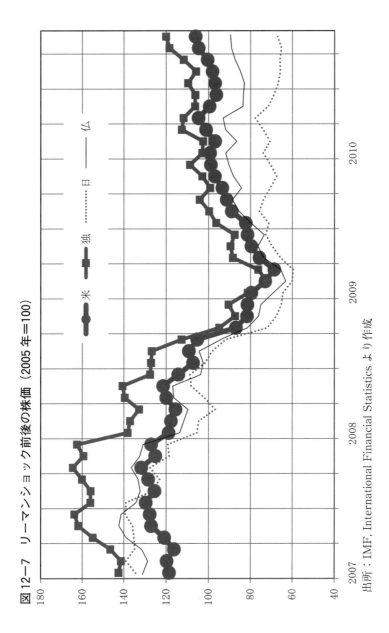

図 12-7　リーマンショック前後の株価（2005 年＝100）

出所：IMF, International Financial Statistics より作成

3．サブプライム問題後の非伝統的金融政策

(1) サブプライム後の欧米の超金融緩和

　11章で紹介したサブプライムローン問題後，日欧米諸国の株価は急落し（図12-7），GDP成長率はマイナスに転落した。これに対する欧

図12-8(a)　サブプライム後の短期金利

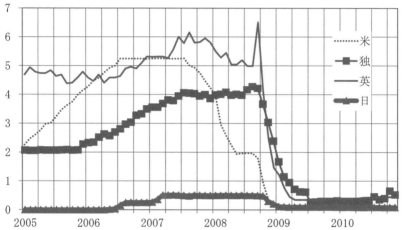

図12-8(b)　サブプライム後のマネタリーベース

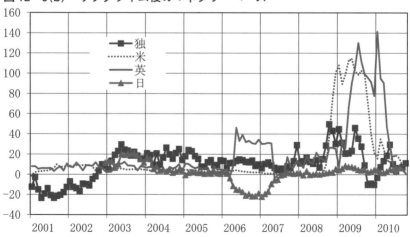

出所：(a)(b)ともにIMF, International Financial Statisticsより作成

米諸国の政策対応は素早かった。バブル崩壊後にはすぐに大胆な政策をとる必要があること，そうしなければデフレに陥る危険性があることを，日本の経験を見て学んでいたからである。

　まず大胆な金融緩和政策がとられた。非伝統的であったゼロ金利と量的緩和が，欧米諸国でも実施されたのである（図 12-8 (a)(b)）。同時に財政支出を拡大し，金融政策と財政政策の連携によって景気を支えようとした。そして，不良債権処理を進め金融機関を健全化させるためのプルーデンス政策が実施された。金融監督・規制の見直しが行われたことは，すでに 11 章 4 節で取り上げた通りである。

(2)　日本の緩和政策との違い

　日本の非伝統的政策との違いも注目された。日本の量的緩和（QE：Quantitative Easing）に対して，米国 FRB は信用緩和政策（CE：Credit Easing）と名乗っていた。買いオペで FRB のバランスシートを拡大させるだけでなく，資産構成を変更することが緩和政策の根幹とされたのである。具体的には前章で紹介された証券化商品 MBS や企業の短期社債である CP などを大量に購入した。金融危機時にマネタリーベースの量だけ増やしても，銀行による信用創造でマネーストックが増加することはなく，オペの中身が肝心であることが，欧米中央銀行の共通認識となっていた。

　期待に働きかける政策である「時間軸効果」についても研究が進み，「フォワード・ガイダンス」と名前を変えて洗練され，サブプライム後の欧米の金融政策で活用された。たとえば金融緩和をいつまで続けるのかというメッセージの出し方も，中央銀行がどれほどにコミットするのかについても，日本の経験が活かされ，各国が慎重に金融市場や国民に情報発信した。米国 FRB では，非伝統的な方法による金融緩和が緊急

対策であると認識されており，信用緩和開始後2年もたたないうちにバーナンキ議長が「異例の緩和が永続することはない」と宣言し，それをどう終着させるかという議論が始められていた。

　サブプライム問題への日本の政策対応は，欧米に比べると控えめで，金融緩和はしたものの，かつての量的緩和と比べても弱いものであった。そのせいか株価やGDPの回復は欧米よりも遅く，ようやく2010年10月になって「包括的な金融緩和政策」として政策が強化された。実質ゼロ金利政策の復活や，物価を目安にした金融緩和の継続（時間軸の明確化）に合わせて，資産買入等の基金が創設された。日銀の会計から分離させた基金を用いて買いオペを拡充することにし，買入資産に10,11章で紹介したETF，REITが加えられた。株式市場や不動産市場に日銀から資金を注入する手段が広がったのである

(3)　世界的な低金利と金融不安定化

　こうして，サブプライム問題後は，日本のみならず欧米諸国も非伝統的な金融政策を実施した。政策の中身は①中央銀行バランスシートの拡大，②フォワード・ガイダンス，③低金利政策，の三点セットである。ただし①については，ただ量的に拡大させるだけでなく資産構成を変えるようになった。また③については，欧米は日本のゼロ金利ほどには政策金利を下げず，ゼロまでに少し余地を残している（図12-8（a））。

　このように世界的に超金融緩和が広がると，ヘッジファンドなど出資者から高いリターンを求められる資産運用会社が，利子収益が期待できないために，もっぱら値上がり益で儲けようとハイリスクハイリターン商品で運用する傾向を強める。運用の場は金融市場に留まらず，土地や穀物，エネルギーなどにまで広がっている。安いときに買って高いときに売る，あるいはデリバティブのような金融技術を活用して値下がりに

賭けて利益を狙うなど，投機的な取引が拡大することになる。世界的な低金利以前に比べて，金融市場でもその他の市場でも，市場が不安定化したのではないかと見られている。

　それだけに，マクロプルーデンス政策の必要性はますます高まっている。個々の金融機関や金融市場の健全性だけでなく，国境を越えたつながりも考慮した上で，世界の金融システム全体の健全性を保たなければならない。その時，各国中央銀行がマクロプルーデンスに果たす役割は大きく，世界のマクロ的な健全性のために実施できる金融政策の手立てを準備しておかなければいけない。しかしながら，非伝統的な政策を長く続ければ続けるほどに，そこから脱することは難しくなり政策の選択肢は狭まってしまう。安定性の確保という政策責任と，中央銀行のバランスシートを膨らませる非伝統的金融政策の間には矛盾があるのではないだろうか。この重要な問題は 15 章であらためて取り上げる。

参考文献

岩田一政・日本経済研究センター編『量的・質的金融緩和 − 政策の効果とリスクを検証する』日本経済新聞出版社, 2014 年

岩田規久男『デフレの経済学』東洋経済新報社, 2001 年

宮尾龍蔵『非伝統的金融政策 − 政策当事者としての視点』有斐閣, 2016 年

13 | 金融再編とフィンテック

《**目標＆ポイント**》　銀行をはじめ金融機関の合併・再編はバブル崩壊後に急速に進んだ。その理由と代表的な金融再編の過程を学ぶ。近年はICT，ビッグデータやAIを活用したフィンテックの進展が著しく，金融機関のビジネスモデルは大変革を求められている。この章では，フィンテックが金融再編の今後にどのような影響を与えるのかについても考察する。
《**キーワード**》　金融持株会社，メガバンク，フィンテック，AI，ビッグデータ

---

1. 日本における金融再編

(1)　銀行合併の伝統的理由

　4章で詳しく説明したとおり，日本の金融システムの中心である銀行は，預金で集めた資金を貸出や有価証券で運用し，利ざやを稼ぐことが伝統的なビジネスモデルである。情報生産や資産変換などの機能を効率的に果たすためには，専門化の利益，規模の経済性，範囲の経済性を発揮することが重要であった。

　1970年代まで，日本の金融システムに対する規制は厳しく，預金金利，貸出金利は規制され，貸出と預金の金利差である利ざやが一定水準確保されていた。企業からの資金需要は強く，銀行は預金を集めるほどに貸出を増やすことができ，規模を拡大すれば利益は増えた。そして，店舗や設備は固定費用であるから，規模が拡大すれば平均費用を下げて規模の経済性を享受することができる。みずほ銀行の前身の1つである

第一勧業銀行は1971年に2つの銀行が合併して誕生したが，規模を追求することが目的のひとつであった。

　業務の範囲を広げ複数の業務を同時に行うことで効率性を高められる場合を，範囲の経済性と呼ぶ。三菱UFJ銀行の前身の1つである東京三菱銀行は，歴史ある財閥系の銀行と国際金融取引に強い銀行とが合併して1996年に生まれた。範囲の経済性を高める合併であったと言える。地理的な意味での活動範囲を広げるための合併も見られ，大阪発の財閥系銀行である住友銀行は，首都圏に店舗をもつ平和相互銀行を1986年に合併した。

　9章で取り上げたように，バブル崩壊後には不良債権をかかえた多数の金融機関が倒産した。多くは，預金保険機構からの資金援助を受けて承継金融機関に事業譲渡されるというパターンをたどった。一例をあげると，1997年に破綻した北海道拓殖銀行は，北洋銀行に事業譲渡された。北海道と東京に地盤をもつ都市銀行が，北海道の第二地方銀行に救済されたのである。その後北洋銀行は札幌銀行も合併し，北海道最大の銀行となっている。

表13−1　預金取扱金融機関数の減少

	1988年	2018年
都市銀行	13	5
信託銀行	7	3
地方銀行	63	64
第二地方銀行	68	40
その他銀行	0	12
信用金庫	455	261
信用組合	419	146

出所：『銀行局金融年報　平成6年版』(大蔵省)，『業態別金融機関数』(日本金融通信社HP) より作成

206

　銀行など預金取扱金融機関の数がバブル期と現在とでどれほど減少したのかは，表13-1に示されている。多くの業態で減少していることが分かるだろう。顕著に減少したのが協同組織金融機関である信用金庫，信用組合であり，ついで第二地方銀行も大きく減少している。

(2)　金融技術革新と金融再編

　8章でバブルの背景としてふれたように，1980年代の日本では金融自由化が進められた。預金・貸出の金利が徐々に自由化され，大口定期預金のような企業の資産運用に利用される自由金利商品も登場した。国債を手始めに銀行の証券業務が認められるようになり，銀行と証券会社がともに取り扱える金融商品や業務も増えてきた。銀行業務と証券業務の垣根が下がったのである。

　米国では，大恐慌時の1933年に制定されたグラス＝スティーガル法以来，銀行と証券会社の兼営は許されず，日本でも垣根が設けられてきた。兼営していると，投資家の損失によって預金者の利益を保つような「利益相反」が生じる可能性があったからである。

　範囲の経済性の観点からは，銀行と証券会社が兼営した方がよい面もある[1]。銀行のもつ情報生産機能は，証券会社にとっても有益であろうし，証券会社も決済機能をもてば顧客へのサービス水準は上がるだろう。そして10,11章で紹介した市場型間接金融の手段が開発されるほどに，兼営によって得られる潜在的利益は高まった。証券関係の金融機関が作り出す投資信託や証券化商品を銀行窓口で売ることができれば，販売網が広がり金融仲介機能が高まる[2]。銀行にとっても，伝統的な預

[1] 日米で銀行と証券が分離されていたのに対して，ドイツをはじめヨーロッパの銀行は，証券業務も行うユニバーサルバンクであった。
[2] 銀行と証券だけでなく，保険との間にも範囲の経済性が存在する。保険商品の銀行窓口販売が一例である。また，保険商品として，外貨建てや運用成績連動型の商品が開発され，認可されると，証券会社の扱う金融商品との類似性は高い。

金・貸出による利益が低下すれば，証券業務の比重を高めるメリットは大きくなる。

　米国では，グラス＝スティーガル法を廃し兼業を認めよとの要望が金融機関から強まり，1990 年代に入るとシティグループなどで実質的な兼営が始まっていた。1999 年グラム＝リーチ＝ブライリー法が成立し，銀行，証券会社，保険会社の合併・兼業が認められた。この法律は別名を金融サービス近代化法と言い，金融機関に対する規制緩和を進める内容であった。この法律後，金融グループの資産規模が拡大し，預金保険に守られてハイリスクを避けてきた銀行が，証券化商品のような運用方法も選ぶようになった[3]。

(3)　持ち株会社解禁とメガバンクの再編

　日本でも，1980 年代，90 年代に銀行と証券の垣根を引き下げる制度改革が進められた。1992 年の金融制度改革法で，子会社方式による相互参入が認められ，業態転換もできるようになった。さらに 1998 年，金融ビッグバンと呼ばれる一連の金融関連法改革により金融持株会社が解禁され，一気に都市銀行の再編が進んだ。子会社方式と持株会社方式の違いは，図 13−1 に示されており，持株会社方式の方が広範で多様なグループ再編ができることが分かるだろう。

　その結果，2019 年現在で，みずほ，三菱 UFJ，三井住友の 3 メガバンクがフィナンシャルグループとして形成されている。それ以外に，3 つの信託銀行が再編されて三井住友トラストグループとなり，りそな銀行は地方銀行との関係を強め，3 メガバンクとは異なる方向に進んでいる。

---

[3] 岡村他（2017）12 章や翁（2010）参照。サブプライムローンを含んだ RMBS などの証券化商品は以前から発行されており，この法律によって発行しやすくなったわけではない。しかし規制緩和で自由度が増し，金融業全体の競争が激化して，投資銀行の利益追求姿勢が強まり証券化が加速したと考えられる。

図13-1　子会社方式と金融持株会社

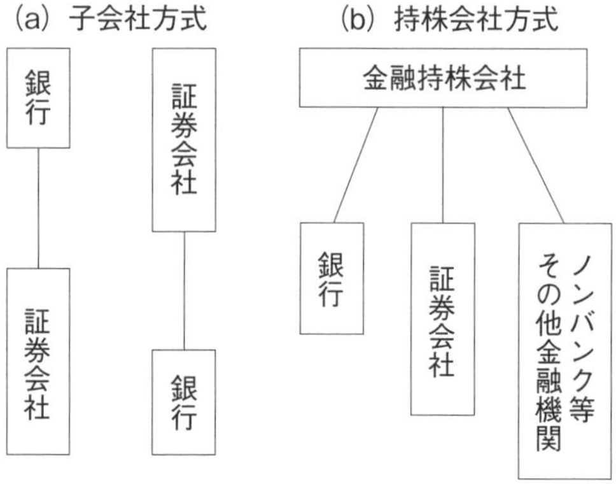

(a) 子会社方式

```
┌──────┐     ┌──────┐
│ 銀行 │     │証券会社│
└──┬───┘     └──┬───┘
   │            │
┌──┴───┐     ┌──┴───┐
│証券会社│     │ 銀行 │
└──────┘     └──────┘
```

(b) 持株会社方式

```
        ┌──────────────────┐
        │   金融持株会社    │
        └────┬──────┬──────┬┘
             │      │      │
        ┌───┴──┐┌──┴───┐┌─┴──────────┐
        │ 銀行 ││証券会社││ノンバンク等│
        │      ││      ││その他金融機関│
        └──────┘└──────┘└────────────┘
```

出所：筆者作成

　規模の経済性や範囲の経済性を追求するための合併，救済のための合併とは異なり，1990年代以降の金融再編の背景には，金融技術が変化して金融というビジネスの形が変わったことがある。銀行，証券，保険他，との境目が曖昧になったのである。それらに対応するための金融再編を，許し促すような金融規制緩和が行われたことによって，事態は一気に進んだ。しかし，その程度ではおさまらない大変革の波が押し寄せてきた。フィンテックである。

2. フィンテックの進展

(1) フィンテックの定義と歴史

　フィンテック（Fintech）とは，「金融（Finance）と技術（Technology）を掛け合わせた造語であり，主に，ITを活用した革新的な金融サービス事業を指す」[4]。アメリカや中国が先導して新たな金融サービ

[4] 金融審議会（2015）冒頭の注1。定義に続けて「特に近年は，海外を中心に，ITベンチャー企業が，IT技術を生かして，伝統的な銀行等が提供していない金融サービスを提供する動きが活発化している」と記されている。

図 13－2　3 メガバンクの再編過程

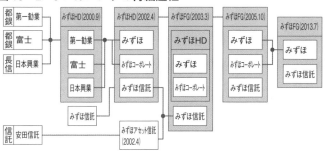

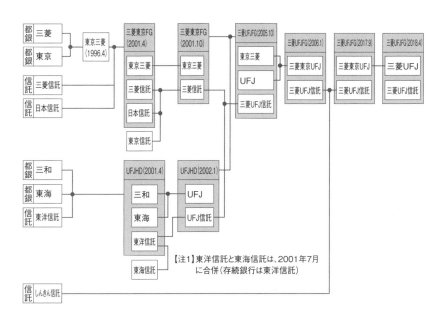

【注1】東洋信託と東海信託は、2001 年 7 月
に合併（存続銀行は東洋信託）

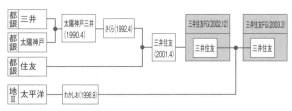

出所：全国銀行協会 HP より作成

スが次々に開発され，金融サービスの範囲も様々に広がってきている。

　これまでにも，ATM ネットワークやインターネットバンキングなど IT と金融の融合例は多数あった。それが今フィンテックと呼ばれるようになったのはなぜだろうか。これまでとの違いは，第一に，クラウドコンピューティングや AI，ビッグデータの蓄積など情報収集処理技術の進み方がとてつもなく早くなったことである。第二に，スマホの発達と普及によって，顧客が金融サービスに求める内容や利便性が多様で高度なものになったことがあげられる。極端に言えば，いつでも，どこでも，誰とでも，あらゆる金融サービスが望まれるようになった。

　そして第三に，古い設備や技術を使い，多くの規制に縛られた既存の金融機関では，顧客が求めるサービス水準を満たすことができないという点である。特に情報生産（情報の収集・分析・活用）の面で，IT 企業の方がはるかに安価に速く詳細に行うことができるようになった。インターネットバンキングの段階で既存金融機関がおびやかされることはなかったが，今や非金融業から競争相手が続々と現れてきたのである。したがって，以前のような金融業内の再編ではすまず，金融業以外も含めた金融再編が必要になったのである。

(2)　フィンテックが進展している分野

　大きく分けると，フィンテックは①支払・決済，②貸付業務，③保険，④投資アドバイス・資産管理，の四分野に関わっている[5]。

①支払・決済

a．モバイル決済

　5 章で説明したように，日本のように銀行が発達した国においては，支払・決済の中心は銀行預金である。全銀システムや日銀ネットが構築

---

[5] 岡村他（2017）4 章などの分類を参考にした。

され，巨額の支払を安心して行うことができ，決済リスクは極めて低い。その代わり，膨大なシステムを管理更新するために費用がかり，銀行の振込手数料は高くなる。また，クレジットカード決済の場合は，店舗にカードを読み取る機械が必要になり，カード会社に支払う手数料も高い。

　現在，中国や発展途上国など，既存の銀行システムがあまり発達していない国々ではモバイル決済が広がっている。先がけとなった PayPal はじめ，モバイル決済ではデジタル・ウォレット（電子財布）を使った電子データの付け替えで決済される。顧客はアプリをダウンロードし，まず銀行口座から自分のスマホに送金するか，クレジットカード番号を PayPal に登録する。店舗では，スマホの読み取り機能を使って店舗に貼られた QR コードを読み取り，買い物したことを PayPal に送信すれば，自分のウォレットから数字が減り店舗ウォレットの数字が増える。現金を持ち歩かず，銀行の振り替え手数料もいらず，クレジットカードを各店舗に読み取らせることもなく，支払決済が行われる。

b．暗号資産

　法定通貨である現金と預金は，日本銀行や政府に対する信用，銀行や全銀システムのような支払決済システムに対する信用によって，貨幣として機能している。また多くの電子マネーは，現金チャージや預金引き落としで支払われており，やはり日銀や銀行に対する信用と，発行者である電子マネー業者への信用から成り立っている。それらとは異なり，暗号資産，いわゆる仮想通貨には特定の発行者がおらず[6]，取引参加者を含めたシステム全体への信用によって価値があるとみなされている[7]。

---

[6] 経済産業省（2016）図表3−1に，ビットコイン，法定通貨，電子マネーの違いがまとめられている。

[7] 電子マネーなどの登場により，銀行以外の資金移動業の位置づけと顧客保護を整備するため，2009年に資金決済法が成立した。さらに仮想通貨関係の業者に対する規制も加えた改正法が，2016年に成立した。

　最も有名な暗号資産であるビットコインは，サトシ・ナカモトと名乗る人物の論文によってアイデアが公開され，2009 年に最初の送金が行われた。インターネット上にデジタル信号として数字が書き込まれたのである。その数字に価値があると誰も思わなければ，それを欲しがる者は現れず，システムのルールに従い採掘してコインを増やしたいと考える者もいなかっただろう。ましてや現金や預金で支払ってきた財やサービスの対価として，そのデジタル数字が使われることもなかった。しかしビットコインの仕組みに注目した人々は，このデジタル数字には価値があると認め，支払や送金手段として用い始めたのである。

　ビットコインなどの暗号資産は，既存の支払手段に比べて，①銀行や全銀システムを介さず，個人間（Peer to Peer, P 2 P）で支払・送金が行われること，②手数料などのコストが格安であること，③特定の国家や第三者の監視や制限等がないこと，が利点としてあげられている[8]。それを可能にしたブロックチェーンなどの仕組みが信用されたのである[9]。特に，労働のグローバル化が進み，外国で働く人が母国に送金する必要性が高まったことが暗号資産を増加させる一因になった。コストの高い既存のシステムよりも，ヤミ業者を使うよりも，ビットコインが選ばれたのである。

　ビットコイン以外にも多数の暗号資産が登場した。いずれも，誰もが受け取る一般受領性をもつわけではなく，価格の変動が激しく，投機目的の保有が主で，支払手段として暗号資産自体がまだそれほど使われているわけではない。しかし国境を超えて送金され，既存通貨に両替されて使われる金額は確実に増えている。また，ビットコインで注目された

---

[8] 岡村他（2017）4 章参照。
[9] ブロックチェーンはじめ仮想通貨の仕組みについては本書の範囲を超える。吉本・西田（2014）など参照。

ブロックチェーンの技術は，金融取引に留まらず，広範な取引記録や契約管理のシステムとして活用範囲が広がっている。

②貸付・出資

　銀行貸出や発行証券への出資など，既存システムによる伝統的な資金供給を脅かすフィンテックも現れている。

a．クラウドファンディング

　インターネットを通じて，不特定多数の資金提供者（群衆：crowd）から少額ずつ資金調達（funding）する仕組みがクラウドファンディングである。表13-2で分類されているように，クラウドファンディングの中には金融的な性格をもたないものもあるが，金融的な性格をもつものが主であり，貸付型と投資型に分けられる。ほとんどのクラウドファンディングにおいて，資金提供者は，金銭的な利益を求めるだけでなく，資金調達者や商品に対する共感や愛着をともなっている。典型例は日本で早くから増え始めたファンド型であり，アーチスト，ゲームソフト，食品製造，飲食店などを支援するために，一口数万円で数百人から資金を集めるようなファンドが，次々と組成されている。

　クラウドファンディングでは，事業者が運営するマッチングプラットフォームが仲介して，借り手と貸し手を結びつけている。借り手の事業内容や事業計画はインターネット上に公開され，貸し手はそれを見て選択し資金提供を決めている。プラットフォームは，貸出審査や上場審査に必要な情報生産の役割を果たすと同時に，貸し手の心をつかむために事業を宣伝する場という役割ももつ。インターネットによって，それまで知られていなかった商品やサービスが，世界中の人々に低コストで素早く知られるようになり，それが既存金融機関の介入の少ない，新しい資金の流れを生み出したのである。

表13－2　クラウドファンディングの分類

金融的性格無し		
寄付型	見返り求めない	
購入型	商品・サービスを支持・支援，前払いの形で資金提供	
金融的性格あり		
貸付型	マッチング	AIを駆使し既存の貸付機関にはない判断基準で新しい層（個人や中小）に貸し付ける
	ソーシャルレンディング	最終的貸し手からの資金を，匿名組合方式で事業者に集めてファンドとし，貸し付け
投資型	ファンド型	匿名組合方式で集めた資金を事業者が仲介して借り手に出資，日本のクラウドファンディングの主流
	株式型	証券会社や事業者が仲介する少額の（調達額や投資額に制限あり）株式投資

出所：筆者作成

b．ソーシャルレンディング

　貸付型クラウドファンディングにおいては，ビッグデータとAIを活用した情報生産によって，既存の金融機関の貸出対象とならなかった顧客層への貸出が可能となった。インターネットには企業情報や個人情報があふれている。たとえば企業間や顧客との電子商取引の広がりによって，大量の取引情報がデジタル化され，代償さえ払えば入手して複製することができる。また経営者がSNSを使っていると，日々の生活が分かり，趣味，性格，人脈などの個人情報も収集できる。中小企業金融機関が特徴としていた「人を見る力」「目利き力」と言われる情報生産が，ネット情報によって代替できる可能性が生まれてきた。

　アメリカで2007年に設立されたLending Clubは，フェイスブックで集めた資金を少額の消費者ローンに回すことから始まり，中小企業貸出に範囲を広げながら資金量を毎年2倍以上のペースで拡大させた。

2014 年には証券取引所に上場され，その後成長スピードは減速したが，世界最大のソーシャルレンディング事業者となった。根幹となる借り手審査は，クレジットリスクスコアの提供会社 FICO（Fair Isaac Corporation）などのデータを用い，AI（人工知能）による独自の信用力判断を行って，格付に応じた金利を設定している。ただし実際の融資契約は提携先銀行が行い，Lending Club はマッチングと独自の情報生産によって手数料を稼いでいる。つまり，金融のアンバンドリングが進められて，既存の金融機関でなくても始められるビジネスモデルが創られたのである。

　日本では，貸し手と借り手を直接結びつける P2P 事業は貸金業法の規制により困難であるため，匿名組合方式によって少額資金をファンドにしたソーシャルレンディング業者が増加している。その中には，信頼を得て大手企業が出資している業者もある一方，虚偽表示によって金融庁から業務改善命令が出された業者もある。

c．ネット通販サイトによる貸出

　売り手や買い手の膨大な情報を蓄積し続けているのがインターネット通販業者である。まず通販サイトに出店している販売事業者の取引データを見ていれば，その事業者の経営状況を把握することができる。販売実績が信用情報になるので，銀行借入に必要な大量の審査書類がなくても，借り手を知るネット通販が貸し手となることができる。そこに着目したのが Amazon であり，販売事業者の成長を支援する短期ローンとして Amazon レンディングが 2014 年から始められた。利率は必ずしも低くないが，顧客は必要なタイミングに申請し，短い審査期間で資金を借りることができる。

　もう一方の通販サイト顧客は消費者で，消費者の購入データにより，消費金額，内容，支払方法，入金や引き落としの状況などを観察するこ

とができる。それは個人信用情報として格付に用いられ，通販サイト自身が貸し手になる可能性もあれば，格付情報を金融業者や他の業者に提供することもできる。

③保険

フィンテックによって大きく変わることが確実視されているのが保険である。たとえば自動車損害保険を例にとると，個人の運転状況を GPS（全地球測位システム）センサーで収集し，走行距離やルート，運転のスピードや安全性などを測ることができれば，リアルタイムで保険料率を調整することができる。このような保険はテレマティクス保険と呼ばれ[10]，すでに実用化が進んでいる。

医療保険においては，身体にセンサーを装着し，歩行数や運動量，脈拍や血圧を測定できれば，状態に応じて，保険料率を変更したり保険内容を見直したりするような契約が可能になる。その他，ビッグデータをAIによって分析しGIS（地理情報システム）を活用すると，契約者の居住地や生活圏の，災害，事故，事件などの発生確率を計算することができ，地震保険や生命保険の商品設計に役立てることができる。

④投資アドバイス，資産管理

a．ロボアドバイザー

6章で金融市場を通じた資金循環の弱点としてあげたのは，投資家の情報収集・分析・判断や分散投資の能力であった。かといって個人で高額な投資顧問料を支払って専門家と契約することは，富裕層でなければ不可能である。しかし AI とビッグデータとを組み合わせれば，低価格で適正な分散投資を行うことができる。それを提供するのがロボアドバイザーであり，スマホから顧客の属性（年齢，所得，資産，投資目的な

---

[10] テレコミュニケーション（通信）とインフォマティクス（情報工学）の融合という意味。

ど）に関する情報を入力すれば，顧客に見合った資産運用をアドバイスし，実行し，途中の資産組み替えも自動的に行われる。

　アメリカでは，サブプライム問題後にロボアドバイザーを提供するベンチャー企業が増加し，日本でも 2016 年に「お金のデザイン」という会社が運営する THEO（テオ）というロボアドバイザーサービスが始まった。それまで富裕層が享受していたモダンポートフォリオ理論に基づく運用が，スマホで容易に安価に実行できるようになったのである。投資に縁のなかった若者など，幅広い層を投資に導くことが期待されている。また，ロボアドバイザーの将来性に注目して，今では多くの大手証券会社や銀行がサービスを提供している。

b．PFM

　家計の収入・支出などの管理を自動的に行うサービスが PFM（Personal Financial Management）である。多くの家計は使途によって複数の銀行口座や証券口座を使い，保険などの記録はまた別のところにある。PFM では，これらの情報を自動的に集めて，収支状況が一目で分かる家計簿を作成し，資産負債状況も視覚的に見やすく把握できるようにして提供している。日本の代表的な PFM 業者であるマネーフォワードでは，個人向けだけでなく，中小企業や個人事業主向けのサービス（取引明細の取り込み，会計帳簿作成・管理など）も行ってきた。その結果事業規模を拡大し，2017 年に東証マザーズに上場された。

　PFM のようなサービスを提供するには，銀行や証券会社から，顧客の情報を自動的にリアルタイムで得る必要がある。マネーフォワードは，既存の金融機関と提携し，口座情報を得る一方で，マネーフォワードが作成した家計簿アプリやクラウド会計を，銀行顧客が利用できるようにしている。

　以前であれば，銀行が口座情報を外部に知らせることはなく，自動的

に外部者に収集されることは許されなかったはずである。しかし今では，それを進めた方が顧客に質の高い金融サービスを提供することができると既存金融機関にも，規制当局にも認められてきた。

　ある金融機関が作成したシステムの機能（送金・発注記録やソフトなど）やデータ（口座情報など）をAPI（Application Programming Interface）と呼ぶ。2017年の銀行法改正により，残高照会，取引明細照会，振替，振込などの顧客に提供している銀行のAPIを，オープンにすることが義務づけられ，それによって，外部のフィンテック企業等がAPIを利用可能になった。またこれを利用する業者を登録制にするとことが決まり，法的な扱いが定まったことで，フィンテック企業を活用した金融再編を促進するための制度が整えられた。

3．新たな段階に入る金融再編

(1)　金融のアンバンドリングとリバンドリング

　4〜6章で解説したように，金融システムの大きな機能は金融仲介と支払・決済であった。特に重要な銀行は，情報生産，資産変換，リスク分散，信用創造，ネットワークなどの各機能を用いて，2つの金融機能を果たしてきた。しかしそれらの機能はアンバンドリングされて，ソーシャルレンディング企業は情報生産機能を，ロボアドバイザーはリスク分散機能をと，一部がフィンテック企業に取って代わられようとしている。ネットワークが必要な支払・決済も，特に国境を越える時には暗号資産の方がはるかに安いし，普段使いとしてモバイル決済の方がずっと便利となれば，やはり銀行預金の役割は低下する。

　このような変化に対して，すべての機能を果たそうとしてきた既存の金融機関は，金融機能のうち，どの部分を外部にまかせ，どの機能とど

の機能を自分が果たしていくのかを決断しなければならなくなっている。金融のリバンドリング（再結合）である。

　フィンテック企業のような最先端の技術を駆使した外部者が金融機能の一部を担うようになったとき，それを敵視するのではなく，提携関係を結び活用するほうが有効である。それが新たな再編を促し，金融業の新しい形が作られようとしている。

(2)　金融機関のフィンテック対応[11]

　API は，既存金融機関とフィンテック企業との提携関係をつなぐキーワードである。PFM においては，銀行や証券会社の取引データを事業者が自動的に収集することを許す形がとられた。銀行口座が LINE で確認できるようになったのもオープン API である。

　それとは逆に，金融機関がフィンテック企業など外部者の作成したデータやプログラムを取り込むことも，金融サービスの高度化に役立つ。PFM の作成した家計簿ソフトや会計ソフトを金融機関の顧客に利用開放するのは，すでに紹介した一例である。金融機関の支店案内をグーグルマップで行うことも API の一種であり，もう幅広く普及している。

　銀行自身がフィンテック開発を行うことは，人材やスピードの面で難しいかもしれない。しかし，銀行がベンチャー企業に投資することができれば，フィンテック開発の恩恵を得ることができるだろう。2016 年の銀行法改正では，金融関連 IT 企業への出資規制が緩和された。銀行は 5 ％，銀行持株会社 15% の出資上限が課せられていたが，この上限を超えてよいことになった。出資対象企業は「情報通信技術その他の技術を活用した銀行業の高度化若しくは利用者の利便の向上に資する業務

---

[11] 柏木（2016）Ⅴ章など参照。

又はこれに資すると見込まれる業務を営む会社」に限られ，グループの財務の健全性等を要件に，内閣総理大臣の認可を受けなければならないため，簡単ではないが IT 企業の子会社化も可能になった。

金融業は，今後も ICT 等の技術の進歩，金融機関やフィンテック企業の行動，そして当局による金融規制が，相互に影響を与えながら再編が進んでいくものと考えられる。メガバンク周辺の変化と次章で扱われる地域金融機関の将来像とは，大きく異なるのかもしれない。

参考文献

岡村秀夫・田中敦・野間敏克・播摩谷浩三・藤原賢哉『金融の仕組みと働き』有斐閣，2017 年

翁百合『金融危機とプルーデンス政策－金融システム・企業の再生に向けて－』日本経済新聞出版社，2010 年

柏木亮二『フィンテック』日経文庫，2016 年

金融審議会「決済業務等の高度化に関するワーキング・グループ報告書」2015 年

経済産業省「平成 27 年度我が国経済社会の情報化・サービス化に係る基盤整備（ブロックチェーン技術を利用したサービスに関する国内外動向調査報告）」2016 年

大和総研編著『FinTech と金融の未来』日経 BP 社，2018 年

吉本佳生・西田宗千佳『暗号が通貨になる「ビットコイン」のからくり』講談社ブルーバックス，2014 年

14 | 中小企業金融と地域金融

《**目標＆ポイント**》 日本の企業の 99％ 以上を占める中小企業の多くは，苦労しながら事業を継続しており，承継問題に悩む企業も増えている。地域金融機関をはじめ，中小企業に対する銀行貸出にどのような変化が生まれているのか，リレーションシップ・バンキングや信用保証制度など，国の政策の変化とも関連づけながら考える。
《**キーワード**》 開業・廃業，日本政策金融公庫，信用保証協会，協同組織金融機関，リレバン，事業再生，中小企業金融円滑化法

1．日本の中小企業金融

(1) 中小企業の重要性

　企業と金融との関わりについて詳述した 3 章など，本書でこれまで念頭においていた企業像は，大都市に本社ビルをかまえ多くの社員を雇用し，たくさんの財やサービスを生産する大きめの企業であった。6 章で証券取引所を取り上げたときも，11 章で資産流動化を解説したときも，企業として登場するのは大企業であった。しかし日本企業の 99.7％ は中小企業であり，従業者の 7 割は中小企業で働いている（表 14−1）。売上高になると大企業が半分以上を占めているが，中小企業が日本社会にとって重要であることは疑いない。本章では，中小企業の動向とそれに対する金融システムの変化を取り上げたい。

　中小企業の定義は，製造業の場合資本金 3 億円以下または従業員 300人以下，小売業の場合資本金 5000 万円以下または従業員 50 人以下とさ

表14-1　中小企業と大企業との比較

	企業数（2014年）	従業者数（2014年）	売上高（2013年）
中小企業	380.9万（99.7%）	3361万（70.1%）	523兆（43.4%）
大企業	1.1万（0.3%）	1432万（29.9%）	683兆（56.6%）

注：一次産業を除く
出所：中小企業庁『中小企業白書2018』付属統計資料より作成

れている（中小企業基本法第2条）。さらに製造業20人以下，商業5人以下は小規模企業者と呼ばれている。そこで，中小企業を小規模企業とそれ以外の中規模企業とに分けて企業数の推移を見たのが図14-1である。中小企業の中でも小規模企業が圧倒的に多いことが分かる。また，大企業や中規模企業の数はそれほど変化していないが，小規模企業は減

図14-1　企業規模別企業数の推移

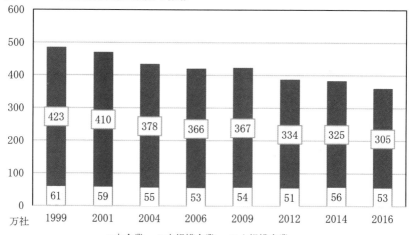

（注）大企業数は1万社程度で推移し，棒グラフには現れていない。
出所：中小企業庁「中小企業の企業数・事業所数」より作成，元データは総務省「事業所・企業統計調査」「経済センサス」

少傾向にある。廃業企業数が[1]，開業企業数を近年はかなり上回り続けているからである（図14−2）。

　日本は，欧米諸国に比べて開業率（開業数／総数）が低いばかりでなく，廃業率（廃業数／総数）が低いこともしばしば指摘されている[2]。それは企業の参入・退出がダイナミックに行われていないことを意味する。企業が廃業したり開業したりする理由は様々に考えられ，廃業につ

図 14−2　開業・廃業企業数（年平均）の推移

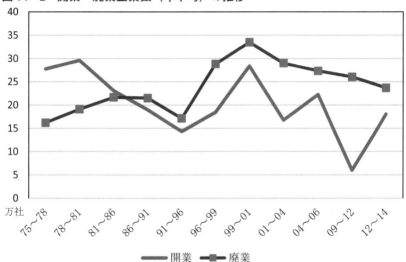

出所：中小企業庁『中小企業白書2018』付属統計資料より作成，元データは図
　　　14−1と同じ

---

[1] 企業数は，倒産によって減少していると思われるかもしれない。しかし2017年の倒産が約8400件に対して，休業・廃業や解散が約28000件であった（『中小企業白書2018』第2章）。倒産は，債務不履行や経営の継続困難でもたらされるが，休廃業においては，資産が負債を上回る状態でも事業を停止することがあり，停止のための特段の手続はとらない。解散の場合は，企業の法人格を消滅させるために必要な清算手続きをとって事業を停止させる。

[2] 『中小企業白書2018』第2章

いては，経営者の高齢化と後継者難が大きな問題となっている。また，開業に関しては，ベンチャー企業を生み出すような環境が不足しているとして，法規制，人材や教育にまで言及されることがある。そして日本の金融システムも，企業の開廃業を支えることができていないのかもしれない。

(2) 中小企業金融の担い手

　中小企業と大企業の資金調達の違いを見るために，3章で学んだ企業バランスシートの右側の構成を描いたのが図14－3である。中小企業の代表として資本金5000万〜1億円の企業を選び，資本金10億円以上の企業と比較した。まず資本金や剰余金などの純資産は，大企業の比率が

図14－3　中小企業と大企業の資金調達（2016年）

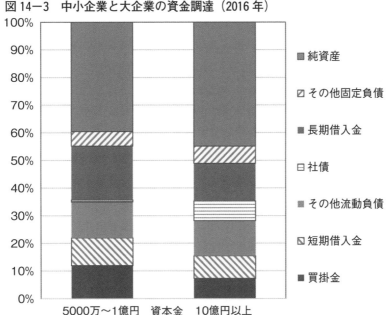

出所：財務省『法人企業統計』より作成

高いが，中小企業でも 4 割程度を占めている。借入金への依存度は，短期でも長期でも中小企業の方がかなり高い。また，買掛金（企業間信用）が重要な資金調達手段であることも，中小企業の特徴である。逆に社債は，大企業は利用しているが，中小企業はほぼ使っていない。

　負債の中では，短期および長期の借入金が最も重要な資金調達手段であり，ほとんどが金融機関からの借入である。どのような金融機関から中小企業に貸出が行われたかをまとめたのが表 14－2 である。国内銀行（都市銀行，地方銀行，第二地方銀行，信託銀行）からの貸出が 7 割を超え，次いで信用金庫，信用組合の順である。このうち，大企業はメインバンクが都銀であることが多く，中小企業は地銀，第二地銀，信金，信組がメインの取引先であることが多い（図 14－4）。

　無視できないのが政府系金融機関で，商工組合中央金庫と日本政策金

表 14－2　中小企業貸出の担い手

金融機関	中小企業向け貸出残高（兆円）	構成比（％）
国内銀行銀行勘定合計	196.9	71.50
国内銀行信託勘定他	1.6	0.58
信用金庫	45.3	16.45
信用組合	11.0	3.99
民間金融機関合計	254.7	92.48
民間金融機関合計（信託勘定他を除く）	253.1	－
（株）商工組合中央金庫	8.8	3.20
（株）日本政策金融公庫（中小企業事業）	5.6	2.03
（株）日本政策金融公庫（国民生活事業）	6.3	2.29
政府系金融機関等合計	20.7	7.52
中小企業向け総貸出残高	275.4	100.00
中小企業向け総貸出残高（信託勘定他を除く）	273.8	－

　出所：中小企業庁『中小企業白書 2018』付属統計資料より作成

融公庫とを合わせると，中小企業貸出の7.52%を占めている。これら
は，公的金融と呼ばれる仕組みの一部であり，財務省が策定する財政投
融資から資金を借りて中小企業等に貸出を行っている。財政投融資と
は，「国債の一種である財投債の発行などによって調達した資金を財源
とする，国による投融資活動」で，「政策的に必要であり確実な資金回
収も見込まれるが民間では対応困難な分野に対し，長期・固定・低利の
資金供給や，長期リスクマネーの供給を行って」いる[3]。

　政府系金融機関は，中小企業からの元利返済を受けて財政投融資に資
金を返済する。財政投融資の資金源は一種の国債である財投債が主で，
財投債の有力な買い手はゆうちょ銀行やかんぽ生命であるから，郵便局
に預けられた資金が，政府によって間接的に中小企業に貸し出されてい

図14−4　売上規模別にみたメインバンクの業態

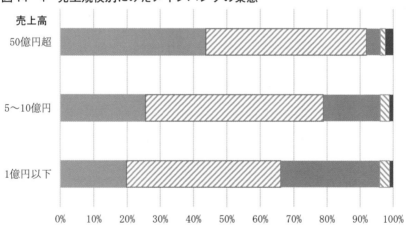

出所：中小企業庁『中小企業白書2016』より作成
注：元データは委託調査「中小企業の資金調達に関するアンケート」

[3] 財務省『財政投融資レポート』。

るとみなすことができる。

　公的金融の仕組みが作られている理由は，民間の金融システムだけでは効率性や公平性に問題が生じる可能性が高いからである。中小企業金融の場合，金融取引につきものの情報の非対称性が非常に大きく，1章で説明したように，逆選択やモラルハザードが生じることが心配される。貸し手が費用をかけて審査すれば，良い借り手を選別することができるが，中小企業への融資から得られる利益に比べて費用が高ければ，審査されることなく貸出が行われない。

　社会的には意義ある財サービスの生産技術を有し，元利返済できるだけの収益があげられる中小企業なのに，借入を受けられなければ，資源の有効利用という点で非効率である。政府が介入して税金を投じながら中小企業金融を支援することは，効率性の観点から正当化され，日本だけでなく多くの国で対策がとられている。ただし政府自身が金融機関を設立して貸出を行うよりも，利子補給や次に紹介する信用保証による方が，欧米諸国では有力な支援策である。

(3)　中小企業金融に対する公的信用補完[4]

　公的信用補完とは，中小企業が金融機関から借り入れる際に，政府機関が保証人になり，もしもの時は中小企業に代わって返済する仕組みである。図 14-5 に見るように，地方自治体や地方金融機関が出資（出捐）して設立された信用保証協会（保証協会）と，政府系金融機関として先述した日本政策金融公庫が信用補完の担い手であり，地方と国との二段構えになっているところが，他国ではあまり見ない特徴である。

　中小企業が借り入れる際，銀行等を通して保証協会に保証の申込をすると，保証協会はその企業を審査し，問題がなければ保証を承諾する。

---

[4] 公的な信用補完および前項の公的金融に関しては岡村他（2017）9 章が詳しい。

図 14−5　信用補完制度の概要

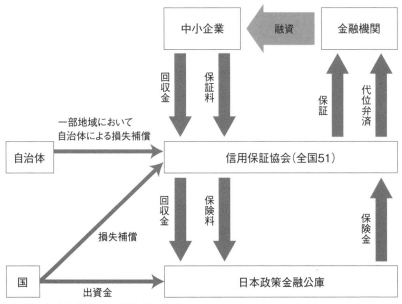

出所：中小企業庁 HP を参考に作成

承諾されれば，中小企業は保証協会に対して保証料を支払う。そして，もし保証した企業が返済困難になれば，保証協会が連帯保証人の立場で，企業に代わって金融機関に返済（代位弁済）する[5]。弁済した全額が信用保証協会の損失になるわけではなく，対象企業の様子を見ながら，保証協会が債権の回収を進める。そして企業が再生できず返済の見込みがなくなった場合には，回収できなかった金額が保証協会の損失として処理される。それを補填してくれるのが日本政策金融公庫である。

---

[5] 諸外国とは異なり，日本の信用保証制度は 100% 公的機関が弁済していた。しかしそれだと民間金融機関のモラルハザードが起きることは自明であり，2007 年に民間金融機関にも 20% 負担を求める責任共有制度（部分保証）が導入された。

　保証協会は，保証料収入を弁済に備え責任準備金として積み立てる一方，政策金融公庫に信用保険料を支払い，損失が出た場合に補塡してもらうための再保険をかけている。政策金融公庫は，保証協会が代位弁済を行った場合，弁済額の 70〜80%，特別なものは 90% を保険金として給付し保証協会の損失を補う。ただし債権の回収が進めば，塡補率に応じて保証協会から政策金融公庫の方に払い戻さなくてはならない。

　中小企業にとってみれば，保証料がかかるものの，公的な信用保証によって銀行借入が容易になると考えられる。図 14−6 には，金融機関から借り入れた企業のうち，どの程度の企業が信用保証を利用したかの推移が描かれている。2018 年末の数字で約 4 割の企業が利用したことが分かる[6]。利用率には変動があり，2008 年のリーマンショック後の緊急保証やその後の景気対応緊急保証によって，信用保証の利用が拡大した。

2．地域金融機関の動向

(1)　地方銀行と信金・信組

　前節で見たように，中小企業に対する資金供給は，主に地方銀行と信金・信組などの協同組織金融機関が担っている。地方銀行は都市銀行と同じく銀行法を根拠法とし，全国展開をすることも可能であるが，以前はひとつの都道府県内を主な事業基盤としてきた。それが変化してきたことを指摘し，その理由と将来について考察することが本節のねらいである。

　信用金庫，信用組合は相互扶助を目的とする非営利機関であり，都銀や地銀とは異なる法律で規制されている。いずれも始まりは地場産業，商店街，共通の職業などを基盤とする協同組合であり，組合の金融事業

[6] 企業数ではなく金額で見たとき，中小企業貸出のうち信用保証付きの割合は 2014 年度の数値で約 10% である。『中小企業白書 2016』参照。

図14−6 信用保証利用企業の割合

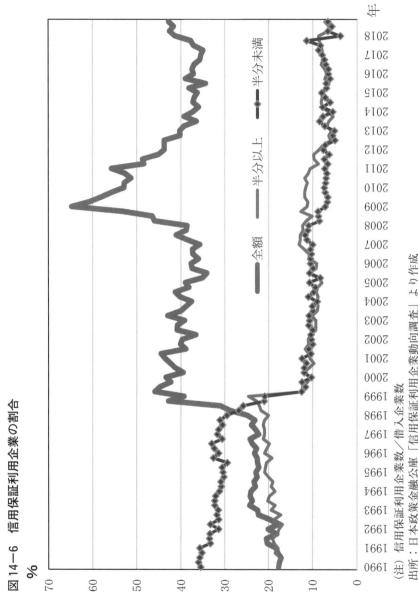

(注) 信用保証利用企業数／借入企業数
出所：日本政策金融公庫「信用保証利用企業動向調査」より作成

として出発した。表14-3に銀行との違いがまとめられており，中小企業相手の金融であること，営業地区が限定されていることなどが大きな特徴である。信金は貸出が，信組は預金も貸出も，一定割合以上を会員や組合員に対して金融サービスを提供することが求められている。その分，非営利機関として各種の税金などが優遇されている。

　13章表13-1で示したように，第二地銀の数は減少し，協同組織金融機関の数は大まかに言って信金は半減，信組は3分の1近くまで減った。バブル崩壊後に不良債権問題が深刻になり，預金保険機構からの資金援助を受けて合併が多発した結果である。

表14-3　地方銀行と協同組織金融機関の違い

	地方銀行	信用金庫	信用組合
法律	銀行法	信用金庫法	信用組合法，協同組合による金融事業に関する法律
目的	営利目的の株式会社	相互扶助を目的とする非営利組織 会員・組合員出資	
議決	株主総会，1株1票	総会または総代会 1人1票	
地区	制限なし	地区を定款記載（変更は認可事項）	
会員資格	制限なし	地域内に住所，事業所，勤労	
事業者	制限なし	従業員300人または資本金9億円以下	従業員300人または資本金3億円以下
出資最低限度	20億円	特別区指定都市1億円 その他1億円	同左2000万円 その他1000万
預金業務	制限なし	制限なし	原則組合員 員外20%以下
貸出業務	制限なし	原則会員・組合員 員外20%以下	

出所：筆者作成

(2) 地銀経営の現状

　1〜4章で確認したように，日本は資金不足から資金余剰に転換し，競争の激化によって，伝統的な銀行の収益源である貸出金利ざややや総資金利ざやは低下してきた。非伝統的政策であるゼロ金利政策や，次章で見るマイナス金利政策によって赤字に転落した銀行も増え，ますます預金から貸出に金融仲介するという銀行のビジネスモデルは維持が難しくなっている。そのような状況に対しメガバンクは，規模を活用した資金運用ビジネス，整備されたネットワークや証券業務の拡大による手数料収入，外国金融機関との提携や買収を含めた海外展開などに，新たな収益源を求めようとしている。13章で紹介したように，IT 企業との提携や，買収によるフィンテックの取り込みも活発化している。

　地方銀行など地域金融機関については，人口減少，高齢化，事業所数

図14−7　地銀・第二地銀の本業利益と本業赤字銀行数の推移

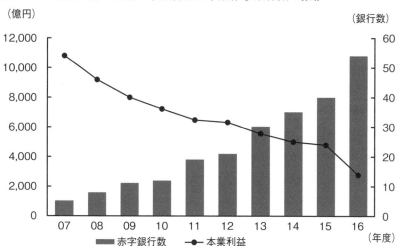

（注）本業利益＝貸出残高×預貸金利回り＋役務取引等利益−営業経費
出所：金融庁『地域金融の課題と競争のあり方』2018 年 4 月より作成

の減少など，経営地盤の悪化が著しく[7]，本業が赤字に転落した地域金融機関は増加しつつある（図 14−7）。そのような状況に対して地域金融機関が選んだひとつの手段が，合併・再編である。

(3)　地銀・第二地銀の再編

　表 14−4 は，2010 年以降の地銀，第二地銀の組織変更を抜粋したものである。持株会社の設立，合併，経営統合，子会社化など，様々な形態がとられていることが分かるだろう。隣県のみならず遠方の銀行同士の再編も多く見られるようになった。

　このように再編を進めれば，地域金融機関の経営地盤の悪化に対応できるのだろうか。そう期待されるひとつの理由が規模の経済性の追求である。IT 化を進め AI を導入するためには固定費がますますかかるだろう。それを共有して平均費用を下げようというのである[8]。また証券会社や投資信託関連を子会社にもつことで範囲の経済性が得られ，後述するような，地元企業への総合的なコンサルティング機能が高まるかもしれない。13 章で見たようにフィンテックによって情報生産のかなりの部分が AI で代替されるだろう。その時地域金融機関は，AI にはできない，地域に密着した金融サービスを提供することで生き残ろうとしている。

---

[7] 堀江（2015）参照。

[8] 規模の経済性にはつながらず，むしろ効率性が低下する可能性など，地域金融機関の再編に懐疑的な意見もある。また同一地域での合併は独占や寡占につながると懸念されることもある。金融庁（2018）など。

234

表14−4　地銀・第二地銀の合併・転換

2010年	関東つくば−茨城が合併，筑波に 関西アーバン−びわこが合併，関西アーバンに 徳島−香川が持株会社トモニホールディングス設立 池田−泉州が合併，池田泉州に 十六が岐阜を完全子会社化
2012年	北洋−札幌北洋ホールディングスが合併，存続は北洋 きらやか−仙台が持株会社じもとホールディングス設立
2013年	紀陽−紀陽ホールディングスが合併，存続は紀陽
2014年	東京都民−八千代が持株会社東京TYフィナンシャルグループ設立
2015年	肥後−鹿児島が持株会社九州フィナンシャルグループ設立
2016年	東京TYフィナンシャルグループ−新銀行東京が経営統合 横浜−東日本が持株会社コンコルディア・フィナンシャルグループ設立 トモニホールディングス−大正が経営統合 常陽−足利ホールディングスが持株会社めぶきフィナンシャルグループ設立 西日本シティ−長崎−西日本信用保証が持株会社西日本フィナンシャルホールディングス設立
2017年	りそなホールディングスが関西みらいフィナンシャルグループ設立，近畿大阪がその完全子会社に
2018年	関西みらいフィナンシャルグループ−関西アーバン−みなとが経営統合 三重−第三が三十三フィナンシャルグループ設立 東京都民−新銀行東京−八千代が合併，きらぼし発足，持株会社は東京フィナンシャルグループに商号変更 第四−北越が第四北越フィナンシャルグループ設立

（注）りそなも含めている
出所：『2019年版　ニッキン資料年報』日本金融通信社（2018年：p.11, 12）より抜粋

3. 地域密着型金融と事業再生[9]

(1)　リレバンと事業再生

　9章で紹介した2002年の金融再生プログラムは，銀行の不良債権比

---

[9] 本節をまとめるにあたっては，宇都木（2018）を参考にした。

率を半減させるとともに，産業再生機構の設立によって，金融と産業を一体化して再生させようとしたものであった。中小企業についても，2003年に同様の発想で金融庁から出されたのが，「リレーションシップ・バンキングの機能強化に関するアクションプログラム」（リレバンプログラム）である。4章で紹介したような金融機関と企業との長期的な関係の利点を活かして，不良債権処理と中小企業の再生を同時に進めようとしたのである。

　中小企業金融においては，単に資金の貸し借りと返済・回収の関係だけでなく，中小企業の経営改善に金融機関が積極的に関与することが必要である。リレバンプログラムでは，中小企業の早期事業再生に取り組み，さらに創業・新事業支援等の強化や，経営相談・支援機能の強化までもが求められた。その後，リレバンという言葉は地域密着型金融に置き換えられ，中小企業の事業再生や経営改善が中小企業金融に欠くことのできない機能として，ますます重視されるようになった。

　同年に改正された「産業活力再生特別措置法」[10]（産活法）に基づいて，全都道府県に中小企業再生支援協議会が作られた。この協議会は，商工会議所や県の財団等の内部に設置され，国（経済産業省）の委託を受けて，企業の再生支援など産活法に基づく活動を実施している。

(2)　円滑化法以後の地域金融

　リーマンショック後の不況が深刻化していた 2009 年に，「中小企業金融円滑化法」（円滑化法）が成立した。金融機関に対して，中小企業など

---

[10] この法律が制定された 1999 年から 2000 年代始めにかけて，民事再生法や「私的整理ガイドライン」など，企業再生や事業再生のための法制度が急速に整備された。なお産活法は 2014 年「産業競争力強化法」の施行に伴って廃止されたが，中小企業再生支援協議会は 2019 年現在も継続している。

の借り手から申し込みがあった場合には，貸付条件の変更等を行うように，努力する義務が課されたのである。経営危機目前の中小企業をも救済する政策であり，深刻な不況に対する緊急措置の時限立法であった。が，その後2度延期され，当初予定より遅く2013年3月に終了した。

　円滑化法終了に備えて，金融庁は2012年「中小企業の経営支援のための政策パッケージ」を公表し，①金融機関によるコンサルティング機能の発揮，②中小企業再生支援協議会との連携の強化，③中小企業支援ネットワークの創設，の3点がうたわれている。この政策パッケージによって，全国の中小企業再生支援協議会内に経営改善支援センターが設置された。また，「中小企業経営力強化支援法」によって経営革新等支援機関制度が導入され，事業再生の中心であった地域金融機関，信用保証協会に加えて，再生に関する知識と経験を持つ専門家（弁護士，公認会計士，税理士，中小企業診断士，金融機関OB等）が，再生に向けた相談・助言や経営改善計画の策定を支援する制度が作られた。

　金融庁は「中小企業金融円滑化法の期限到来に当たって講ずる総合的な対策」の概念図において，国レベルでの関係省庁の連携，地域金融機関による資金供給と経営支援，信用保証協会や地方自治体，認定支援機関の会計士等専門家との連携（情報交換，協議，協力活動等）が必要であることを指摘している。

　地域の中小企業金融は，金融機関だけではなく[11]，あらゆる地域資源を動員した総力戦で向かわねばならないことが示されている。

---

[11] 2019年2月の規制改革推進会議で，地方銀行による中小企業への出資規制を5％から引き上げることが検討された。銀行が，承継問題などをかかえる中小企業に，より直接的に関与することになる。

参考文献

宇都木充雄「中小企業の事業再生変革－支援ネットワーク連携を強化するために－」同志社大学総合政策科学研究科修士論文, 2018 年

岡村秀夫・田中敦・野間敏克・播摩谷浩三・藤原賢哉『金融の仕組みと働き』有斐閣, 2017 年

金融庁・金融仲介の改善に向けた検討会議「地域金融の課題と競争のあり方」2018 年

堀江康熙『日本の地域金融機関経営－営業地盤変化への対応－』勁草書房, 2015 年

山沖義和・茶野努『日本版ビッグバン以後の金融機関経営－金融システム改革法の影響と課題－』勁草書房, 2019 年

15 | 金融・財政の持続可能性と経済社会

《**目標＆ポイント**》　日本の金融政策は，バブル崩壊後，形を変えながらも金融緩和を続けてきた。それは銀行経営や金融市場を変え，国民の生活や企業経営にも影響を与えている。金融緩和の継続は期待された 2 ％物価上昇につながらず，近年は財政や社会保障の動向と金融政策の効果の関係が注目されている。本章では，他国の動向も見ながら，現代の金融政策や金融システムの問題点を，財政と関係づけながら考える。
《**キーワード**》　マイナス金利政策，長短金利操作，出口戦略，財政ファイナンス，社会保障

1．量的質的金融緩和政策の始まり

(1)　アベノミクスと量的質的金融緩和

　2012 年末に発足した安倍内閣は，アベノミクスと呼ばれる経済政策の重点項目を「三本の矢」として掲げ，その第一の矢が大胆な金融政策であった。2013 年 1 月に白川総裁のもとで開かれた金融政策決定会合では，消費者物価上昇率 2 ％を物価安定の「目標」にすることが明記された[1]。12 章で，流動性の罠から逃れるひとつの手段としてクルーグマンが推奨したインフレ目標政策が，この時日本でも採用されたのである。また同時に，政府と日銀が連携することも文書として交わされた。

　3 月に就任した黒田総裁は，4 月の決定会合で表 15−1 のような，「異次元の」金融緩和政策を発表し「量的質的金融緩和」と呼んだ。インフ

---

[1] これ以前は，中長期的な物価安定の「目途」として 1 ％という数字があげられていた。

表 15-1　量的質的金融緩和の詳細

> ・物価安定の目標　2年程度で消費者物価上昇率 2％
> ・マネタリーベース（MB），長期国債保有，ETF 保有を 2 年で 2 倍に
> ・買入長期国債の平均残存期間を 2 倍以上に
> ・MB が年間 60〜70 兆円増加するように金融市場調節
> ・長期国債保有残高が年間約 50 兆円増加するよう調節
> ・保有国債の平均残存期間を現状の 3 年弱から 7 年程度に
> ・ETF，J-REIT の買入増額
> ・長期国債買入額の上限であった銀行券ルールの停止

レ目標は 2％とされ，それを実現するために実施する大がかりな買いオペの中身が列挙されている。

(2)　量的金融緩和との違い

　12 章で詳しく紹介したように，日本銀行はゼロ金利・量的緩和という非伝統的な金融政策を欧米よりも早く導入した。サブプライム問題後には欧米諸国も非伝統的な政策に踏み込み，日本銀行も包括的金融緩和を採用した。それらに比べて，量的質的金融緩和は次のような差異を生み出そうとした。

　第一に，日銀バランスシートの負債側（MB＝日銀券＋日銀当座預金）の拡大幅が 2 年で 2 倍と極めて大きくなった。図 15-1 に示されているように，水準，伸び率とも量的緩和時代の 2005 年を大きく上回っている。

　第二に，量だけでなく日本銀行の買いオペの中身（質）が変化した（図 15-2）。長期国債の比重が高くなり，運用資産の満期構成が長期化した。CP，社債など，企業が発行した証券の保有が進んだ。そして包括的金融緩和で始められた ETF，J-REIT（日本版の REIT）などが増

図15−1　マネタリーベース（MB）の推移

出所：日本銀行データより作成

図15−2　日本銀行の資産構成の推移

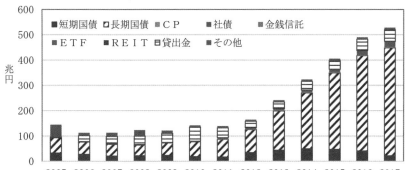

出所：日本銀行データより作成

加し，日本銀行からオープン市場への直接的な資金供給が拡大した。

　第三に，予想への働きかけが強化された。将来予想に働きかける政策手法は，時間軸効果からフォワード・ガイダンスへと呼び名を変えて研究が進み洗練されてきた。将来の政策情報の発信の仕方が３つに分類さ

れ，「かなりの期間」「デフレ懸念が払拭されるまで」のような抽象的で曖昧なやり方は，オープンエンドと呼ばれるようになった。「今後1年間」というように特定の日付を示すのはカレンダーベース，「物価上昇率が2％に達するまで」のように経済指標と連動させるフォワード・ガイダンスは経済状況ベースと呼ばれている。

　オープンエンドやカレンダーベースよりも，量的質的金融緩和の2％と明示する経済状況ベースの方が，予測可能性が高まり，金融市場に疑心暗鬼による余計な混乱を起こさないとされている。ただしその数字が，実現可能性がない「努力目標」だとみなされると，金融市場と将来予想を共有することはできない。

(3)　アベノミクスの成果

　量的質的金融緩和の成果として評価されているのは，円安と株高，そして企業利益の増加である（図15−3(a)(b)(c)）。加えて雇用状態が改善し，失業率の低下や有効求人倍率の上昇が実現した。

図 15−3(a)　円ドルレートの推移

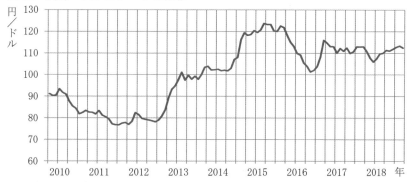

出所：日本銀行データより作成

図 15－3(b)　日経平均株価の推移

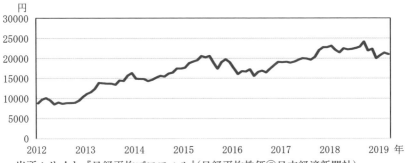

出所：サイト『日経平均プロフィル』(日経平均株価©日本経済新聞社)

図 15－3(c)　企業経常利益の推移

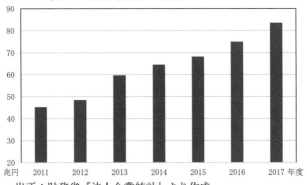

出所：財務省『法人企業統計』より作成

2．金融緩和の拡大：マイナス金利政策へ

(1)　アベノミクスのかげり

　2014 年 4 月の消費税率引き上げは，日本経済に大きな下方ショックを与えた。実質 GDP 成長率が，2014 年第 1 四半期の 0.9% から第 2 四半期は－1.9% に急落したのである。消費支出が，駆け込み需要による

2％増加から−4.8％へと激減したことが一番の原因である。

2014年10月に量的質的金融緩和が強化された。消費税率引き上げのマイナス効果を打ち消し，2015年に予定されていた消費税率再引き上げを後押しするためのものだと受け止められた。この決定によって，マネタリーベースの年間増加目標額は80兆円に，長期国債の年間増加額も80兆円へと増額され，平均残存期間も長期化された。また，ETF, J-REITの購入を3倍に増やすこともあげられた。

緩和拡大にもかかわらず，消費税率再引き上げは早々と延期が決定され，経済状況は改善せず，2015年には円安・株高から円高・株安に転換した。そして2年で2％としていたインフレ目標は，2年たった2015年春になっても達成されなかった。

(2)　マイナス金利政策の導入

2016年1月末の金融政策決定会合で導入されたのが「マイナス金利付き量的質的金融緩和」，通称マイナス金利政策である。「今後は，「量」・「質」・「金利」の3つの次元で緩和手段を駆使して，金融緩和を進めていくこととする」とし，日本銀行当座預金の一部に−0.1％のマイナス金利を適用することになった。マネタリーベースや長期国債の年間増加額は80兆円のままであったが，長期国債の平均残存期間はさらに長期化され，ETF, J-REIT, CP, 社債等の買いオペも拡大方針が示された。

フォワード・ガイダンスは，「2％の「物価安定の目標」の実現を目指し，これを安定的に持続するために必要な時点まで」マイナス金利政策を継続する，と経済状況ベースから後戻りしてオープンエンドに近い表現になっている。さらに「今後とも，経済・物価のリスク要因を点検し，「物価安定の目標」の実現のために必要な場合には，「量」・「質」・「金利」の3つの次元で，追加的な金融緩和措置を講じる」と，必要なら一

段と追加緩和すると強いコミットメントが示された。

　マイナス金利が導入されたのは日銀当座預金のごく一部であったが，インターバンク市場であるコール市場や，オープン市場である国債市場にもマイナス金利が発生した。コール市場では，日銀に預けて−0.1%が適用されるくらいなら，他の銀行相手にたとえば−0.05%で貸した方がましだという貸し手が現れ，それを喜んで借りる銀行との間でマイ

図15−4(a)　マイナスになったコールレート

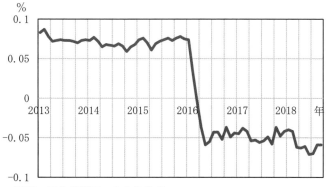

出所：日本銀行データより作成

図15−4(b)　マイナスになった国債（10年満期）利回り

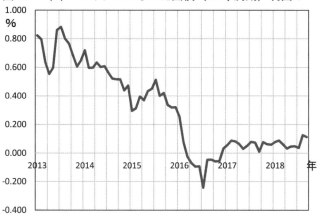

出所：財務省「国債の入札結果」平均利回りより作成

ナス金利の貸し借りが成立したのである。

　国債市場では，10 年満期の国債さえマイナス金利になった（図 15 - 4 (b)）。10 年後に 100 万円で償還される新規国債を，たとえば 101 万円で購入する銀行が現れたのである。この取引では，貸した 101 万円が 100 万円に目減りしてしまう（図 15 - 5(a)）。そのような取引が成立した理由は，101 万円で購入しても，すぐに日銀が例えば 102 万円で購入してくれたからである。銀行は国債を買って満期まで保持すればマイナス金利でも，日銀に途中転売することで 1 万円のプラス金利を確保することができたのである（図 15 - 5(b)）。

図 15－5　国債のマイナス金利の構図

(a) マイナス金利
になる国債取引

100万－101万＝－1万
＝10年分の利子　＜ 0

出所：筆者作成

(b) 日本銀行による
途中購入

銀行　102－101＝　1　＞0
日銀　100－102＝－2　＜0
政府　101－100＝　1　＞0

　満期までに 2 万円のマナス金利を負うことになったのが日本銀行である。年間 80 兆円の長期国債を買うために，たとえマイナス金利でも買い入れたのである。それは日本銀行の利益の減少と政府に納める剰余金

の減少につながる。政府は,10年後に100万円返済する国債を101万円で売ることができて喜んでいたが，それは日銀からの剰余金減少で相殺されることになる。

(3) マイナス金利政策の効果と問題点

　マイナス金利により金利全般が低下し，企業投資や住宅ローンのための資金需要が増加することが期待された。また資金を供給する側の銀行には，日銀当座預金を貸出などに回すポートフォリオ・リバランスの効果が期待された。しかし，経営地盤が悪化し情報生産が高まらない銀行には，リスクある運用へのリバランスによってリターンを得ることは難しい。金利全般が低下したことによって,4章や14章で示したように,利鞘が縮小し赤字になる銀行が続出した。

　貸出などの運用金利が低下したとき，調達側の預金金利を下げることができれば利鞘を保つことができる。すでにほぼゼロの預金金利を，さらにマイナスにすることができればよいのである。それは可能だろうか。

　まず，一行だけがマイナス金利にすることは,すぐに取り付け騒ぎが生じるから不可能である。一行単独ではなく，すべての預金取扱金融機関が同時にするしかない。それがもしできたとしても。預金金利がマイナスになれば，預金者は預金口座から現金を引き出してタンス預金を増やすだろう。とはいえ，少しマイナスになったくらいですべてが現金化されることはないと考えられる。現金保有には，高価な金庫を購入して安全を確保するなど,コストがかかるからである。また,支払決済の中心は預金であり，遠方・高額の支払を現金で行うことは難しいからである。

　マイナス金利政策は日本が最初というわけではなく，古くは1972年のスイス，その後2009年スウェーデン,2012年デンマークと，いくつ

かの国の中央銀行が採用してきた。ECB（欧州中央銀行）も 2014 年から中央銀行預け金にマイナス金利を導入し，当初 −0.1% だったものを少しずつ引き下げて −0.4% にまで，マイナス金利を「深掘り」した。金融緩和手段が限られてきて，新たな緩和手段として用いられるようになったのである。その時，緩和効果を妨げる壁となるのが，現金という金利ゼロの金融商品である。

　マイナス金利政策の緩和効果を有効にするために，貨幣にもマイナス金利を，つまり一定期間ごとに価値が目減りする仕組みにできないだろうか，ということが真剣に議論されるようになってきた。そのような議論は以前からなされていたし[2]，目減りする仕組みは一部の地域通貨に取り入れられている。

　価値が目減りする仕組みは，たとえば貨幣をスタンプ付きの紙幣とし，期間ごとに一定金額を払い込んでスタンプを押されないと，価値が低下するような形で設計された。それは利用者が限られた地域通貨では可能でも，全国民が使用する貨幣に適用し，毎期間すべての貨幣にスタンプを押すことは物理的に不可能であった。しかし現在の IT 技術を使えば，中央銀行貨幣を IC カードで発行し，発行から一定期間が経過すると価値が目減りするように設定することは十分可能である。現在各国中央銀行は，匿名性が高く脱税や地下経済での取引に使われやすい高額紙幣を廃止し，中央銀行がデジタル通貨を発行できないか，検討を始めている[3]。13 章で紹介した暗号資産のブロックチェーン技術を使って偽造や虚偽情報を防ぎながら，中央銀行負債として支払に使える貨幣である。デジタル通貨ならば，金融政策による他の金融商品と貨幣との歪みを是正しやすくなると考えられている。

---

[2] シルビオ・ゲゼルによる自由貨幣の議論，ミヒャエル・エンデ『モモ』など。
[3] 柳川・山岡（2019）参照。

3. 非伝統的金融緩和からの出口戦略

(1) 量的質的金融緩和の変質[4]

　量的質的金融緩和の強化によって，長期国債の買入額は年間80兆円に拡大されたが，それが達成できたのは2015年度だけであり，2016，17と減少し，2018年度は40兆円を下回ると見込まれている（図15-6）。これは当然予想されたことで，国債の新規発行額は2018年度で約34兆円であるから，日本銀行が80兆円購入するためには，新規発行をすべて買ったうえで過去に発行され銀行等が保有する国債をさらに46兆円購入しなければならない。銀行保有分が減少し金融市場から国債が枯渇すれば，目標額の国債を買うことは不可能になるのである。日本銀行の国債購入額は減少せざるをえず，非伝統的金融政策の量的拡大の側面は，国債については早くから縮小が始まったとみなすことができる。

　日本銀行は，2016年9月「長短金利操作付き量的質的金融緩和」を採用した。短期金利はマイナス，10年物国債金利はゼロ％程度に，と長短金利の操作をともなう量的質的緩和政策である[5]。日銀指定の利回りによる国債買入（指値オペ）を導入し，固定金利の資金供給オペの期間を延長するなど，量的緩和から金利政策に軸足を移したと考えられる。また，2年で2％，2倍のような，短期決戦を狙った性急な政策運営はあきらめ，長期的な目標達成を狙う持久戦に移行したとみられている。それでいて，マネタリーベースの拡大方針を，物価安定の目標を「超えるま

---

[4] 岩田一政日本経済研究センター理事長（2019年現在）は，日本銀行副総裁在任中2006年のゼロ金利解除に反対した一方，退任後，2013年からの異次元の金融緩和とその後の変更に対しては，岩田（2018）など一連の著作で，実証研究に基づいた危惧の表明と政策提言を続けている。
[5] 短期金利と長期金利の関係を図示したイールドカーブの位置や傾きを操作する「イールドカーブ・コントロール」と呼ばれている。

図 15－6　日銀保有長期国債残高と年間増加額

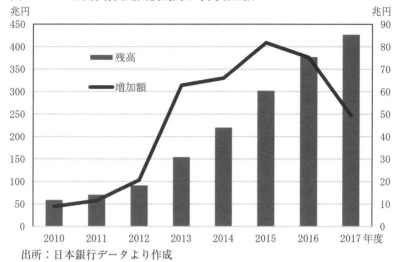

出所：日本銀行データより作成

で」継続する，と目標を満たしてもすぐには止めない「オーバーシュート型」の宣言がなされている。

　2018 年 7 月には「日本銀行は，2019 年 10 月に予定されている消費税率引き上げの影響を含めた経済・物価の不確実性を踏まえ，当分の間，現在のきわめて低い長短金利の水準を維持することを想定している」と，財政とからめたフォワード・ガイダンスを示した。ただし金融緩和の手をゆるめないと言いつつも，マイナス金利対象の超過準備を減額し，10 年物国債の金利変動を許容するなど，金融政策の転換も予感させるものとなった。このまま超緩和政策を続けていてはいけないとの認識が広がってきたのではないか。

(2)　欧米諸国の出口戦略

　非伝統的な金融政策（ゼロ金利，マイナス金利，量的緩和，質的緩

和）は，欧米諸国でも採用されたが，ほとんどの国でいつまでも続けるべきではない特異な政策であると捉えられている。だから，そこから脱することを「正常化」あるいは「出口戦略」と呼んでいる。

アメリカ FRB（米国連邦準備制度理事会）ではサブプライム問題後の 2008 年に大規模資産買入を内容とする信用緩和（量的質的緩和）が実施された。当時のバーナンキ議長は，まだ回復が見えない 2010 年の議会証言で「異例の緩和が永続することはない」と述べ金融市場の混乱を招いたが，早期の脱却が政策当局者の共通認識であったと思われる。どのような止め方をするとどのようなリスク（FRB の損失など）があるのかを，FRB 内外の研究者が試算・公表していた。

2012 年秋には，FRB 関係者から金利の正常化についての言及がなされ，2013 年中にも資産買入を縮小する可能性ありとの議会証言も行われた。そして 2014 年から資産買入の縮小が開始され，バーナンキから引き継いだイエレン議長によって，9 年半ぶりの利上げが実施された。その後も再利上げが繰り返され，トランプ大統領のもとで就任したパウエル議長も利上げや国債投資の減額を実施した。出口に向かって粛々と進んできたのが FRB であった。ところが 2019 年早々，米中の貿易関係の悪化から景気に不透明さが増し，予定されていた再利上げが見送られることになった。

BOE（イングランド銀行）や ECB（欧州中央銀行）なども量的緩和は早々と収束させ，金利中心の「正常な」金融政策への復帰が目指されていた。ただ ECB の場合は，好調だったドイツ経済が停滞し，フランスで経済不安や政治的混乱が発生し，南欧はあいかわらず経済が不安定であるなど，量的緩和を止めた後も利上げを進めることは困難な状況である。

（3）　日本の出口戦略の難しさ

　日本銀行は，2％の物価上昇を目標に，量的質的金融緩和を今後も続けると2019年になっても明言している。その裏で国債年間購入額が減少し，金利の変動がわずかに許容されるようになってきた。だが，ゼロ金利から数えれば20年以上も金融緩和を続けてきた日本銀行が「出口」に向かうことは，欧米諸国に比べても格段に大きな困難をともなう。

　その第一の理由は，日本銀行が保有する国債が総残高の4割を超えるほどに高まったことによる（表15-2）。7章でもみたとおり，財政法第5条には公債の日銀引受禁止，日銀からの借入禁止が明記されている。日本銀行はもちろん，発行された国債を買い政府に直接資金を供給しているわけではない。国債を買うのは民間金融機関等であり，日本銀行はその後流通市場で民間から買い入れたのである。しかし図15-5(b)のマイナス金利の構図に見られるように，金融機関が国債を買うのは，その後すぐに日本銀行に売却できるからである。発行された国債が順調に消化されるのは，背後に日本銀行の資金供給があるためだと考えると，これは間接的な財政ファイナンスとみなされても仕方がない。失われた財政節度と金融緩和のもたれ合いが続くと，政府および日本銀行に対する信認が低下し，国債価格の下落と金利上昇がいずれ起こると危惧されている。

　日本銀行が国債を大量に購入し保有することによって，国債市場で売買される国債が減少し流動性が低下した。自由な金融市場に期待される価格発見・情報公示機能（6章）も減退したと考えられる。また，日銀の比重が増したことで，日銀の少しの行動変化が価格や利子率に大きな影響を与えるようになった。国債購入の目標額を減らすと公表するだけで国債価格が下落し，保有している民間金融機関の資産価値を低下させるだろう。そして国債の一部がマイナス金利になり，先述したように日

表15-2　国債の保有者別残高と構成比

兆円（%）	2012年9月末	2018年9月末
国債残高計	948（100.0）	1092（100.0）
日本銀行	105（11.1）	469（43.0）
預金取扱金融機関	314（33.1）	166（15.2）
保険・年金基金	212（22.3）	235（21.5）
公的年金	67（7.0）	45（4.2）
家計	25（2.7）	13（1.2）
海外	86（9.1）	126（11.6）

出所：日本銀行「資金循環勘定参考図表」より作成

銀の利益を減らし剰余金を減少させる。

　第二の理由は，ETF の保有額が J-REIT とともに増加し続けていることによる（図15-7）。いずれも株式，土地という資産に直接資金が流入し，株価や地価を支える働きをもつ。ETF の年間購入額は増額され，2018年中の購入額6兆円，残高は25兆円になると予想されている[6]。これは東証1部上場株式の約4％にあたり，日本銀行が日本企業の大株主となっていることを意味する。

　日本銀行による ETF 大量購入の問題点として，株式市場をゆがめ，流動性が低下し，価格機能が低下することがあげられる。また，国債と違って ETF には満期がなく，保有額を縮小するためには購入を減らすだけでなく，保有分を売却しなければならない。量的緩和を正常化しようと売却すれば，株価は下落し暴落のきっかけとなるかもしれない。その時，日本銀行も，金融機関や個人株主も損失を被ることが予想される[7]。

---

[6] 日本経済新聞 2018年12月12日朝刊。同紙の6月27日朝刊には，日本銀行が上場企業 1446 社の大株主（10位以内）となっており，筆頭株主になった会社もあると書かれている。

[7] FRB は MBS や CP を購入し，民間企業や住宅市場に資金供給しているが，ETF や REIT は購入していない。

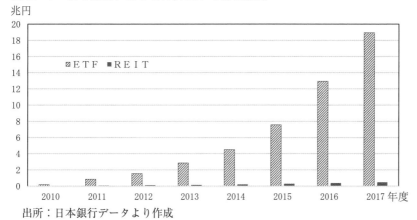

図 15－7　日本銀行による ETF, REIT の保有残高

出所：日本銀行データより作成

4．財政・金融政策・金融市場

(1)　物価水準の財政理論

　12 章でデフレの原因を考察したとき，需要と供給に注目する見方と，実体経済と貨幣量のバランスに注目する見方を紹介した。非伝統的政策が長らく続けられてきたのは，貨幣量を増やすことの有効性が信じられてきたからに違いない。ところが，金融緩和を続けても，日本のみならず欧米諸国でも，物価はほとんど上がらなくなった。

　近年，物価の決定に関する新しい考え方が注目されている。物価「水準」は，金融政策と財政政策との関係性によって決まるという「物価水準の財政理論（FTPL：Fiscal Theory of the Price Level）」である。詳しい説明は本書のレベルを大きく超えるため，岩村（2018）やマクロ経済学の専門書を参照されたいが，この理論によれば，金融政策が受動的（ゼロ金利固定など）で，財政政策が積極的で規律が弱いときには，金融政策よりも財政政策が物価水準に影響する。

FTPL はすでに 1990 年代に現れていた理論であるが，2016 年のシムズ教授の講演会がきっかけで[8]，日本での注目度が高まったようである。その理由は，インフレ目標が達成されないことに加え，高齢化による社会保障支出が増大し，財政赤字が一向に収まらないことが，日本社会の重しとなっているからである。国民の生活を支える財政の維持可能性に，ほとんどの国民が疑念を抱えていることが，デフレ継続とも関係しているのではないか。

(2) 財政の将来とマクロプルーデンス政策

12 章では，世界的な超金融緩和が，金融市場だけでなくその他のエネルギーや穀物の市場までも，不安定化したことを指摘した。近年は，政府が金融市場の重要なプレーヤーとなっており，ギリシャのように財政危機が金融危機に直結することもしばしば生じている。野間（2015）の最終章で言及したラインハート＝ロゴフ（2011）は，歴史的に繰り返されてきた財政危機−金融危機の流れを防ぐために，早期警戒システムの整備や，危機的な状況から脱した後も外国から資金を借り続けられるようになるための「信用」の重要性を再確認している。

財政政策は，本来社会資本の整備であれ社会保障の充実であれ，何十年という長期的な視野をもって支出計画を立てることが必要である。ところが，短期的な景気変動への対応や，政権交代にともなう政策変更によって，しばしば財政収支は変動する。人気取りのために無責任な財政赤字を生み出す傾向が世界的に強まり，それが超金融緩和政策に支えられ，止めることができなくなってしまうのではないだろうか。

12 章では，個々の金融機関や金融市場の健全性だけでなく，国境を

[8] シムズ教授からの日本にする具体的な提案は，インフレ率 2 ％ を達成するまで消費税率引き上げを延期することであった。

越えたつながりも考慮した上で，世界の金融システム全体の健全性を保
たなければならない，とマクロプルーデンス政策の重要性を強調した。
世界経済の安定化のために各国中央銀行が果たす役割は大きくなってい
る。ところが，日本で見られるように，金融政策が財政赤字をファイナ
ンスし，金融政策に株価や地価を支える役割が負わされている。そのよ
うな非伝統的な政策を長く続けるほどに，そこから脱することは難しく
なり政策の選択肢は狭まってしまう。

　動きがめまぐるしい現代社会において政策が手探りにならざるをえない
としても，短期的な対策や政権交代に左右されない財政規律を堅持する
ことが，金融システムのマクロプルーデンスのために必要になっている。

参考文献

岩村充『金融政策に未来はあるか』岩波新書, 2018 年

岩田一政・左三川郁子・日本経済研究センター編著『金融正常化へのジレンマ』日
　本経済新聞出版社, 2018 年

日本経済新聞社編『黒田日銀－超緩和の経済分析』日本経済新聞出版社, 2018 年

野間敏克編著『証券市場と私たちの経済』放送大学教育振興会, 2015 年

柳川範之・山岡浩巳「情報技術革新・データ革命と中央銀行デジタル通貨」日本銀
　行ワーキングペーパーシリーズ No. 19–J–1, 2019 年

カーメン・M・ラインハート，ケネス・S・ロゴフ著・村井章子訳『国家は破綻す
　る－金融危機の 800 年』日経 BP 社, 2011 年

索引

●配列は五十音順，＊は人名を示す。

著者紹介

野間　敏克 (のま・としかつ)

1961 年	愛媛県に生まれる
1983 年	同志社大学経済学部卒業
1985 年	大阪大学大学院経済学研究科博士前期課程修了
	大阪大学助手，神戸商科大学講師，助教授を経て，
2004 年	同志社大学政策学部教授
専攻	金融論，地域金融論
主な著書	『初歩からの経済入門－経済学の考え方』(有斐閣，共著)
	『リレーションシップバンキングと地域金融』(日本経済新聞社，分担執筆)
	『証券市場と私たちの経済』(放送大学教育振興会，編著)
	『金融の仕組みと働き』(有斐閣，共著)

放送大学教材　1548573-1-2011（テレビ）

金融と社会

発　行	2020 年 3 月 20 日　第 1 刷
	2022 年 1 月 20 日　第 2 刷
著　者	野間敏克
発行所	一般財団法人　放送大学教育振興会
	〒 105-0001　東京都港区虎ノ門 1-14-1　郵政福祉琴平ビル
	電話 03（3502）2750

Printed in Japan　ISBN978-4-595-32206-8　C1333